煤矿安全审计理论与实践研究

赵　浩　许鹏飞　主编

东北大学出版社

·沈　阳·

图书在版编目（CIP）数据

煤矿安全审计理论与实践研究／赵浩，许鹏飞主编．

沈阳：东北大学出版社，2024．7． -- ISBN 978-7-5517-

3628-2

Ⅰ．F426．21

中国国家版本馆 CIP 数据核字第 2024M1V708 号

出 版 者：东北大学出版社
地址：沈阳市和平区文化路三号巷 11 号
邮编：110819
电话：024-83683655（总编室）
024-83687331（营销部）
网址：http://press.neu.edu.cn
印 刷 者：沈阳市第二市政建设工程公司印刷厂
发 行 者：东北大学出版社
幅面尺寸：168 mm×240 mm
印 张：14.75
字 数：273 千字
出版时间：2024 年 7 月第 1 版
印刷时间：2024 年 7 月第 1 次印刷
策划编辑：张德喜
责任编辑：项 阳
责任校对：刘新宇
封面设计：潘正一
责任出版：初 茗

ISBN 978-7-5517-3628-2　　　　　　　定 价：68.00 元

煤矿安全审计理论与实践研究
编审委员会

前　言

　　企业内部审计是公司治理的重要内容，是企业经营管理体系的重要组成部分，是规范企业经营活动的重要手段，企业通过内部审计实现对自身全流程经济活动和内部控制监督。安全生产是煤矿经营活动的前提和保障，对煤矿开展安全审计，查找煤矿安全管理中存在的不足和薄弱环节，分析深层次原因，提出针对性的改进措施和建议，是强化煤矿内部控制、提升安全管理水平、夯实安全生产主体责任、实现煤矿安全生产向事前预防转型的创新手段和重要方法。

　　应急管理部研究中心自 2017 年以来开展煤矿安全审计工作，为国家能源集团及其各涉煤子分公司、国家电投集团内蒙古公司、内蒙古珠江投资有限公司等多家单位开展了煤矿安全审计工作，取得了良好效果。并梳理、总结出一套审计标准、方法和流程，形成了涵盖安全管理、法律红线、技术保障、安全文化等不同维度，围绕"一件事全链条"的煤矿安全审计模式。为系统总结多年来煤矿安全审计工作的经验和成果，应急管理部研究中心成立了煤矿安全审计理论与实践研究编委会，查阅了大量资料和文献，翻阅了近年来安全审计项目档案，征求了数十名行业内部专家学者和煤矿基层单位意见建议，编写了《煤矿安全审计理论与实践研究》一书，旨在分享和规范煤矿安全审计工作经验和方法，推动煤矿安全审计理论体系化、学理化，促进煤矿安全管理水平整体提升。

　　本书系统介绍了煤矿安全审计的基本概念以及发展历程、职能作用、类型对象、内容方法等基本理论，详细阐述了煤矿安全审计的组织方式和开展模式，并以某国有煤矿企业为案例，演示了煤矿安全审计的基本流程、审计评价和结果运用，对煤矿开展安全审计实际工作具有较强的指导和参考作用。

由于专业水平和写作能力有限，本书中若有不妥之处，恳请大家批评指正，并请大家随时联系我们。

本书编写组

2024 年 3 月

目　录

第一章

概述

第一节　安全审计的基本概念

一、审计

（一）审计的概念

审计是一项由国家授权或接受委托的专职机构和人员，依照国家法规、审计准则和会计理论，运用专门的方法，对被审计单位的财政收支、财务收支、经营管理活动及其相关资料的真实性、正确性、合规性、合法性进行审查和监督，评价经济责任，鉴证经济业务，用以维护财经法纪、改善经营管理、提高经济效益的独立性的经济监督活动。

（二）审计的分类

按审计主体分类，审计可分为政府审计、社会审计和内部审计三种。如图1-1 所示。

（1）政府审计是由政府审计机关依法进行的审计，在我国一般称为国家审计。我国国家审计机关包括国务院设置的审计署及其派出机构和地方各级人民政府设置的审计厅（局）两个层次。国家审计机关依法独立行使审计监督权，对国务院各部门和地方人民政府、国家财政金融机构、国有企事业单位以及其他有国有资产的单位的财政、财务收支及其经济效益进行审计监督。各国政府审计都具有法律所赋予的履行审计监督职责的强制性。

（2）社会审计，即由注册会计师受托有偿进行的审计活动，也称为民间审计。我国注册会计师协会在发布的《独立审计基本准则》中指出，独立审计是指"注册会计师依法接受委托，对被审计单位的会计报表及其相关资料进行独立审查并发表审计意见"。独立审计的风险高，责任重，因此审计理论的产生、发展及审计方法的变革都基本上是围绕独立审计展开的。

（3）内部审计是指由本单位内部专门的审计机构和人员对本单位财务收支和经济活动实施的独立审查和评价，审计结果向本单位主要负责人报告。这种审计具有显著的建设性和内向服务性，其目的在于帮助本单位健全内部控制，改善经营管理，提高经济效益。在西方国家，内部审计被普遍认为是企业总经理的耳目、助手和顾问。1999 年，国际内部审计师协会理事会通过了新的内部审计定义，指出："内部审计是一项独立、客观的保证和咨询顾问服务。它以增加价值和改善营运为目标，通过系统、规范的手段来评估风险、改进风险的控制和组织的治理结构，以达到组织的既定目标。"本书从煤矿企业入手，主要阐述审计在煤矿企业安全管理中的应用。

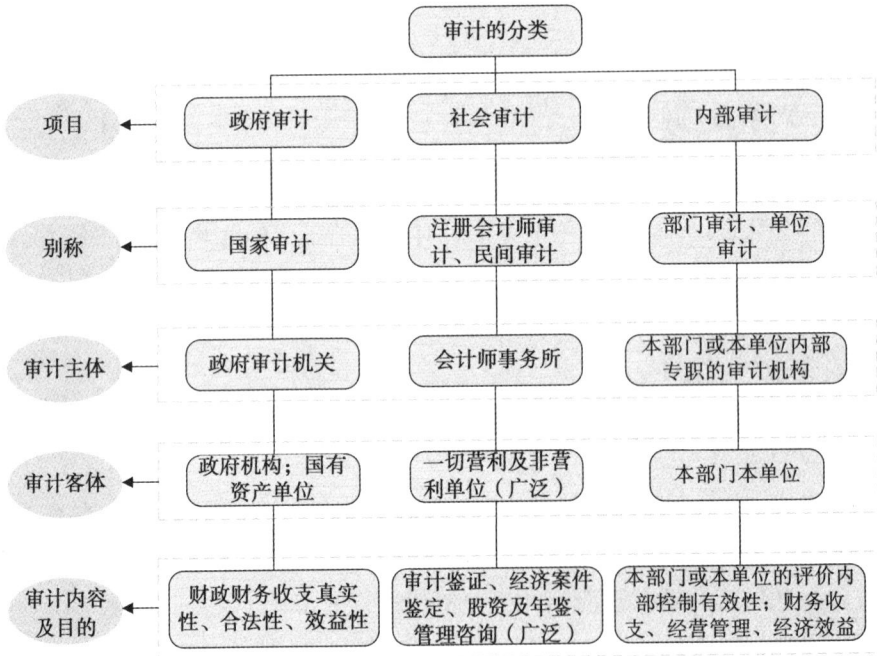

	政府审计	社会审计	内部审计
项目			
别称	国家审计	注册会计师审计、民间审计	部门审计、单位审计
审计主体	政府审计机关	会计师事务所	本部门或本单位内部专职的审计机构
审计客体	政府机构；国有资产单位	一切营利及非营利单位（广泛）	本部门本单位
审计内容及目的	财政财务收支真实性、合法性、效益性	审计鉴证、经济案件鉴定、股资及年鉴、管理咨询（广泛）	本部门或本单位的评价内部控制有效性；财务收支、经营管理、经济效益

图 1-1　审计分类

二、内部审计

（一）内部审计的定义

为规范内部审计工作，保证内部审计质量，明确内部审计机构和内部审计人员的责任，中国内部审计协会（CIIA）根据《中华人民共和国审计法》及其实施条例，在 2013 年 8 月 26 日发布《第 1101 号——内部审计基本准则》（以下简称《准则》）。《准则》将内部审计定义为一种独立、客观的确认和咨询活动，它通过运用系统、规范的方法，审查和评价组织的业务活动、内部控制和风险管理的适当性和有效性，以促进组织完善治理、增加价值和实现目标。

《国际内部审计专业实务框架》（2017 年版）提出"内部审计的使命"，即以风险为基础，提供客观的确认、建议和洞见，增加和保护组织价值；提出"内部审计定义"，即内部审计是一种独立、客观的确认和咨询活动，旨在增加价值和改善组织的运营。它通过应用系统的、规范的方法，评价并改善风险管理、控制和治理过程的效果，帮助组织实现其目标。"内部审计的使命"和"内部审计定义"从内部审计的职能（确认、建议和洞见）出发，在技术路径上特别强调了"在风险基础上"，指出工作内容是"改善风险管理、控制和治理过程的效果"，认为内部审计的价值目标是"增加和保护组织价值""帮助组织实现其目标"。

2018 年发布的《审计署关于内部审计工作的规定》（中华人民共和国审计署令第 11 号）中所称内部审计，是指对本单位及所属单位财政财务收支、经济活动、内部控制、风险管理实施独立、客观的监督、评价和建议，以促进单位完善治理、实现目标的活动。从定义可以分析出，内部审计工作内容是"财政财务收支、经济活动、内部控制、风险管理"；内部审计职能是"监督、评价和建议"；内部审计价值目标是"促进单位完善治理、实现目标"。

（二）内部审计分类

从内部审计的现有定义出发，按照内部审计业务的工作内容分类，内部审计工作可分为财政财务收支审计、经济活动审计、内部控制审计和风险管理审计等四种类型。

1. 财政财务收支审计

财政财务收支审计是内部审计机构和审计人员对被审计单位财政财务收支的真实性、合法合规性、使用绩效进行独立、客观的审核，旨在纠正错误、防止舞弊，维护财经法纪，保护公共资财，促进被审计单位加强财政财务收支管理和经营管理，不断提高经济效益。财政财务收支审计包括财政收支审计、财务收支审计。

2. 经济活动审计

经济活动审计是独立的内部审计机构和人员对被审计单位经济活动中涉及的经济责任、经济效益、资金绩效、经营活动，贯彻落实国家重大政策措施、单位（组织）发展规划计划和战略决策执行，自然资源资产管理和生态环境保护责任等所开展的监督、评价、咨询建议等一系列活动的总称。它主要包括经济责任审计、绩效审计、经营活动审计、建设项目审计，贯彻落实国家重大政策措施、单位（组织）发展规划计划和战略决策执行审计，自然资源资产管理和生态环境保护责任审计等。

3. 内部控制审计

内部控制是组织为实现一定目标，防范和管控经济活动风险所采取的一系列制度、措施和程序的总称。它由内部环境、风险评估、控制活动、信息与沟通、内部监督等五个要素组成。

2008年5月，财政部等五部委发布《企业内部控制基本规范》，自2009年7月1日起施行。2012年11月，财政部发布《行政事业单位内部控制规范（试行）》，自2014年1月1日起施行。内部控制审计就是独立的内部审计机构和人员通过规范的专门方法，对被审计单位内部控制设计和运行的有效性开展的审查和评价等一系列活动的总称。

4. 风险管理审计

国际内部审计师协会2017年发布的《国际内部审计专业实务框架》，将风险定义为对实现目标有影响的事件实际发生的可能性。风险通过影响程度和发生的可能性来衡量。而风险管理是指识别、评估、管理和控制潜在事件或情况的过程，目的在于为实现组织的既定目标提供合理保证。

风险管理审计是独立的内部审计机构和人员采取专门方法，对组织（单位）的风险管理全过程进行的监督、评价和建议活动。其中，风险管理包括风险识别和分析、风险评估与溯源、风险管理应对措施等。近年来，由于内部审计机构参与、熟悉组织管理流程，全面服务组织整体战略目标，风险管理审计已成为内部审计工作的重要内容。从风险管理审计内涵看，目前开展的信息系统审计、财经法纪审计，都属于风险管理审计的范畴。

内部审计分类如图1-2所示。

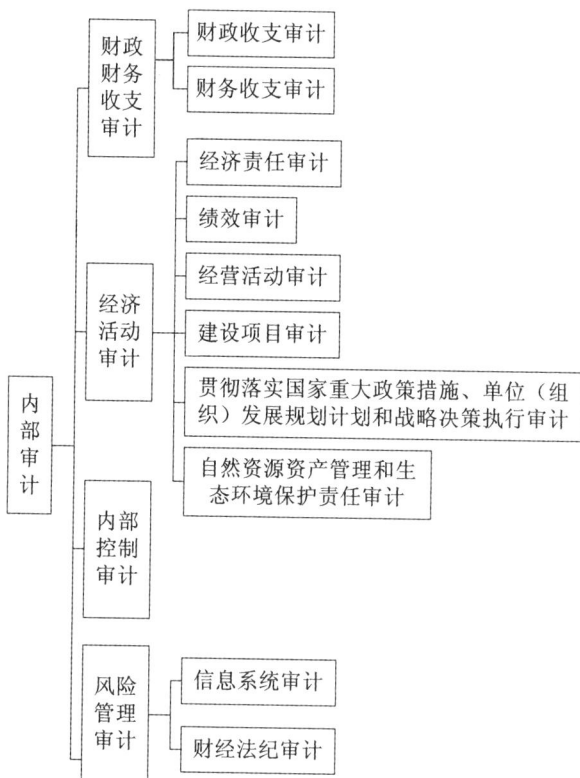

图 1-2　内部审计分类

三、经营活动审计

根据法国管理学家亨利·法约尔的观点，企业经营活动可以分为技术活动、商业活动、财务活动、安全活动、管理活动和会计活动。对经营活动开展的审计，分为技术活动审计、商业活动审计、财务活动审计、安全活动审计、管理活动审计和会计活动审计六部分。技术活动审计涉及技术创新开发活动，商业活动审计涉及企业的供、产、销活动，财务活动审计涉及企业的筹资、投资以及财务资源在企业的运用活动，安全活动审计涉及企业安全生产，管理活动审计涉及企业资产管理、人力资源管理等活动，会计活动审计涉及会计核算活动。如图 1-3 所示。

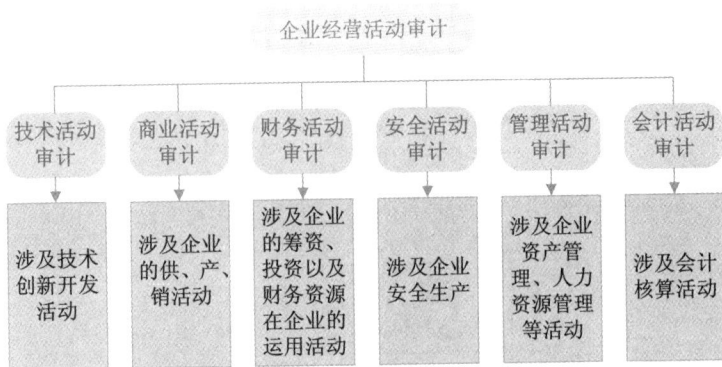

图1-3　经营活动审计分类

安全生产工作是企业经营活动中的重要工作，因此安全审计是企业经营活动审计的重要分支之一。

四、安全审计

（一）定义

所谓"安全生产"，是指在生产经营活动中，为避免发生造成人员伤害和财产损失的事故，有效消除或控制危险和有害因素而采取一系列措施，使生产经营过程在符合规定的条件下进行，以保证从业人员的人身安全与健康、设备和设施免受损坏、环境免遭破坏，保证生产经营活动得以顺利进行的相关活动。

目前国内外学术界尚未给出安全审计的明确定义。根据内部审计、安全生产的定义，我们认为，安全审计是指由审计机构按照安全生产有关的法律、规章制度和标准要求，对被审计企业某一期间的安全生产全过程开展系统性的监督、评价活动，检查安全管理体系运行情况和现场各项安全技术措施的执行情况，全面发现企业存在的事故隐患，分析深层次根源性原因，提出改进措施和建议，促进企业健全各项安全管理制度，提高安全生产管理水平，以实现安全目标的一种审计活动。

安全审计更注重问题的本质和根源。所有事故都可以预防，所有事故都可以追溯到管理原因，这是安全审计的根本要求。俗话说"斩草要除根"，安全审计就是"除根"的一种手段，因为安全审计不只是要查出问题，更要顺藤摸瓜，深层次地去厘清问题、剖析问题，力求追溯到问题的本质和管理缺陷，从"根"杜绝责任事故的发生，这才是安全审计的本质。

（二）特点

1. 系统性

安全审计是针对煤矿安全生产的所有要素开展的系统性审核和评估，不局限于某个单一的具体任务和目标。审计人员要有系统性思维，审计中，不仅要看结果，而且要看过程，要剖析深层次原因，并针对存在的问题提出整改意见；不仅要事后审计，而且采用事前审计、事中审计、跟踪审计等方式，使安全关口前移。

2. 专业性

安全审计要求参与安全审计人员的专业性素养较高，不能局限于对标式的安全检查，要具备丰富的专业技术知识储备、安全生产实践经验、安全管理系统思维以及出色的沟通管理能力。

3. 独立性

安全审计是由专门的机构和专业人员依法独立行使审计监督，由企业未参与安全生产活动的独立的组织和人员针对企业安全生产活动而开展的审计。其能够公正评价企业安全生产的现状，具有更强的独立性。

4. 权威性

安全审计以充分的法律法规（如国家安全生产法律法规、国家标准和煤炭行业标准以及企业的安全生产方针）为依据，对企业的安全生产内部管理行为、企业规章制度操作规程、安全检查等进行更高层次的监督检查和评价。

5. 公正性

安全审计不受外界干扰，是一种公开、公平、公正的审计活动。安全审计人员站在第三者的立场上，进行实事求是的检查，作出不带任何偏见的、符合客观实际的判断，并作出公正的评价和进行公正的处理。

（三）安全审计与安全检查的区别

开展审计是消除管理上缺陷的突破口和抓手。企业开展安全审计有很重要的意义，它是预防事故的一项重要工作。目前，国内企业比较重视日常的安全检查，对于安全审计的重视程度还不够，相当多的企业都没有建立起系统的安全审计制度，将安全检查与安全审计相混淆。虽然安全检查与安全审计形式上都是在查找安全隐患的过程中发现问题，但两者的目的、性质、范围、工作要求、时间频次等完全不同。下面主要阐述安全检查和安全审计的区别。

1. 目的不同

安全检查的目的是通过查找生产过程中存在的安全隐患，分析隐患形成的原因，判断安全管理标准执行情况。安全检查的主要内容是分析判断隐患与安全管理标准的差距，是人的不安全行为造成隐患？还是物的不安全状态造成隐患？或是环境的不适宜条件造成隐患？抑或是几种因素混合造成隐患？

安全审计的目的是通过查找生产过程中存在的安全隐患，查证发现、处理隐患的管理文件，检验安全管理机制运行的适宜性。安全审计的主要内容是分析判断隐患的辨识、评估、整改、反馈与安全管理机制运行的匹配度，各生产业务部门是否开展了危险源辨识、是否进行风险评估；是否依据风险评估的结果建立制度标准、完善工作计划；是否采取过程管控措施、形成按标准做事的习惯；是否建立问题收集与改进机制、持续改进。

2. 性质不同

安全审计是一种安全监督，企业的安全审计是根据企业的利益，由企业审计部门对各部门的安全管理情况进行审核与稽查的过程。

安全检查是安全审计过程中所采用的一种手段，是实现各监督职能的工作过程或程序的一部分，是监督方式的具体体现。

3. 范围不同

安全审计范围广泛，可以系统地组织对整个与安全工作相关的活动（包括安全检查活动）实行企业安全生产全部范围的审核与稽查，评价及见证其合法性、合规性、合理性及有效性，超越了安全检查的范围。

安全检查只能对安全生产工作及实际操作，特别是其资料的合法性、合理性和真实性进行检查监督。

一些初次参与安全审计的人员极易混淆安全审计与安全检查的关系，把安全审计当作在现场查找隐患，而忽视了从管理上，从整个体系的持续适宜性、充分性和有效性上进行评审。

4. 工作要求不同

安全审计过程中，审计人员要注重通过综合、全面的检查，从管理上分析原因，从体系上查找缺陷，要善于提问，能够从问题的现象追踪到对体系要素影响的本质，从而避免在某项隐患或问题上纠缠不清；对现场发现的问题要及时记录，便于验证。审计人员要不断加强学习，掌握安全生产法律法规知识，特别要注重学习安全管理体系文件、制定的审计标准等相关内容。

安全检查过程中，要注意把握每次检查的重点，避免眉毛胡子一把抓。如：在承包商检查中，要把承包商资质、人员证件、安全管理协议、安全教育培训记录、现场安全措施落实等作为检查重点；在重大节日检查中，要把安全责任制的落实、员工安全意识、值班表及值班记录、安全文件传达与落实等作为检查重点。

5. 时间频次不同

安全审计对被审单位不仅包括事后审计，而且包括事前、事中审计，以查明效率及效果。对于煤矿等高危行业领域，建议安全审计一般每年至少进行一次，通过审计可以使被审计单位强化管理意识，增强效益观念，从而提高安全管理水平，促进企业提高效益。

安全检查一般均在事后进行，以防再犯。安全检查包括岗位日查、班组周查、基层单位月查、职能部门季查、上级检查、重大节日检查及季节性检查等专项检查，对检查频次并没有统一的要求。

（四）安全审计与安全生产标准化、安全评价的关系

安全审计是以国家法律法规为依据，对照检查安全管理制度建设及执行情况、各项安全措施制定及落实情况、安全资金投入及使用情况、安全保障程度等方面，对企业领导班子落实安全生产的领导责任作出合理评价。

安全评价是以实现安全为目的，应用安全系统工程原理和方法，辨识与分析煤矿生产过程中存在的危险有害因素，预测发生事故的可能性及严重程度，提出科学、合理、可行的安全对策措施建议，作出评价结论的活动。

安全生产标准化是企业通过落实企业安全生产主体责任，通过全员全过程参与，建立并保持安全生产管理体系，全面管控生产经营活动各环节的安全生产与职业卫生工作，实现安全健康管理系统化、岗位操作行为规范化、设备设施本质安全化、作业环境器具定置化，并持续改进。

三者之间存在着相辅相成、密不可分的内在联系。安全生产标准化是安全工作的基础；安全评价是识别危险有害因素、预测发生事故的可能性及严重程度的重要方法；安全审计是对安全管理和保障情况进行全面审查和评价，目的是提高安全生产管理和保障水平。三者的共同特点是：最终目的是一样的，都是为了安全生产，主体也都是面向企业。但也存在不同，体现为以下两点：第一，具体范围不同。安全生产标准化主要是面对安全生产过程的标准，安全评

价是对生产系统、装备、设施和管理等方面进行总体评价，安全审计则是对企业与安全有关的生产经营活动进行审计。第二，实施主体不同。安全生产标准化是由企业自身组织全体安全生产人员实施的，安全评价主要由企业委托第三方评价机构的评价人员实施，安全审计则是由审计机构组织的经济、安全和技术等方面的专家实施的。

在具体工作中，要把安全审计与安全生产标准化、安全评价工作结合起来，把安全审计中发现的薄弱环节，作为开展安全生产标准化工作和安全评价升级的重点，将安全审计的过程变成规范企业安全生产工作、建设安全生产标准化煤矿的过程。如图 1-4 所示。

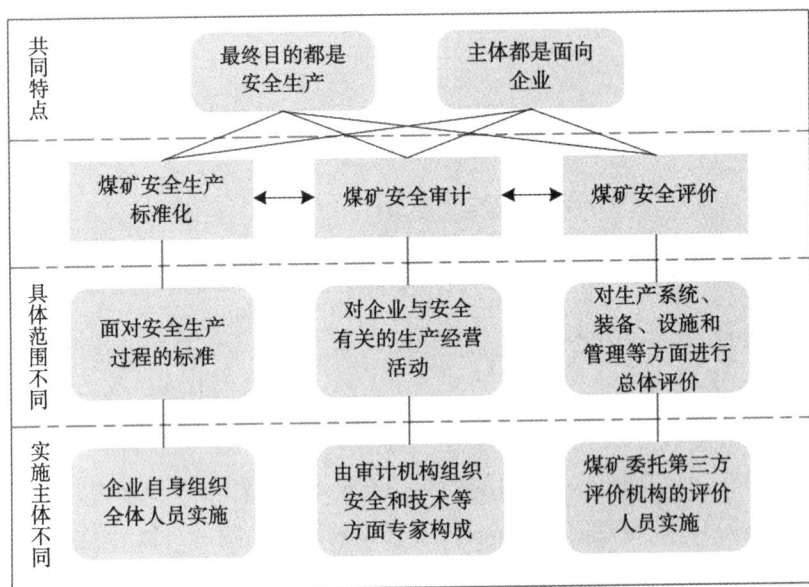

图 1-4　安全审计与安全生产标准化、安全评价的关系

第二节　安全审计的发展历程

一、国外内部审计发展历程

内部审计诞生于资本主义经济快速发展时期。20 世纪初，企业规模不断扩大，企业对内部监督管理也越来越重视，内部审计就是在这样的情况下在美国产生并得到快速发展的。内部审计的发展大致经历了 4 个阶段，如图 1-5 所示。

20世纪40—60年代，以控制为导向	→	20世纪70—80年代，以流程为导向	→	20世纪80—90年代，以风险为导向	→	20世纪90年代后期，以风险管理为导向

图 1-5 国外内部审计发展历程

（一）以控制为导向

1941 年，国际内部审计师协会（简称 IIA）成立，极大地促进了内部审计的发展。同年，维克多·布瑞克（Victor Brink）出版了第一部论述内部审计的专著《内部审计——程序的性质、职能和方法》，该书的出版标志着内部审计学的诞生。

20 世纪 40—60 年代，内部审计诞生之初，企业一般不设有单独的内审部门，而是由会计部门领导，在企业内自上而下地进行审计，履行会计监督职能。但是，这样的机构设置很难保证内部审计的独立性和客观性，因此企业逐步建立起了单独的内审部门，独立开展内审工作，并且以内审为基础，形成了公司的内部控制系统。此时的内部审计仍局限于财务审计以及一些交易记录的合规性检查，是一种事后控制机制。

（二）以流程为导向

到了 20 世纪 70—80 年代，西方国家法律法规对企业管理层的约束更加严格，更为强调企业管理当局的责任，这迫使企业管理者加强内部控制、提高管理效率。此时期，要求内部审计对业务流程的设置控制点给予评价，强调业务流程的梳理与优化，关注当前流程与最佳流程之间的差异，从而形成了以流程为导向的内部审计，负责对企业的关键业务流程设计、执行进行监督和评价。

（三）以风险为导向

20 世纪 80—90 年代，市场竞争日益激烈，很多企业开始寻求海外市场，企业规模不断扩大，国际金融一体化进程不断加快，金融衍生品交易日益频繁，加之信息技术和电子交易的逐步应用，使得企业面临的经营风险逐步增加。因此，管理者思考通过内部审计来降低和控制风险，内部审计也由此转向以风险为导向，重视关键业务流程和关键控制的风险识别，并提出应对措施。

（四）以风险管理为导向

20 世纪 90 年代后期，企业对面对的风险有了全新的认识。企业在经营过程中面临多方面的风险，战略层、管理层、操作层都存在风险，而企业的风险管理也应该针对包括财务管理、业务经营、流程管理以及战略管理等多个方面。因此，内部审计也随着这种全面风险管理的发展而逐渐转变。

2010 年以来，随着时代发展与技术进步，内部审计所面临的内外部环境都发生了一定的改变。在内部环境方面，基于企业发展与行业要求，内部审计的定位发生了变化。内部审计不仅是保障企业合规、控制企业风险的有效手段，也需要为企业战略目标的实现保驾护航。在外部环境方面，随着信息系统普及、数字化运用深化、商务规则复杂化及企业规模扩大，内部审计的审计范围进一步拓宽，审计技术需要优化，审计运用也需要更加灵活多变。

二、我国内部审计发展历程

新中国成立后，大批大型工业、交通等生产单位迅速发展，组织内部开始分解管理责任与权力，单位内部审计由此萌发。然而，只有极少数单位设置内部审计机构，开展一些简单的内部审计业务，这是由于当时的苏联管理模式要求将内部审计的职能分散至各部门（如计划部门、财务部门等），与本职业务一并结合实施。直至改革开放后，我国内部审计才逐渐发展起来，主要包含 4个阶段，如图 1-6 所示。

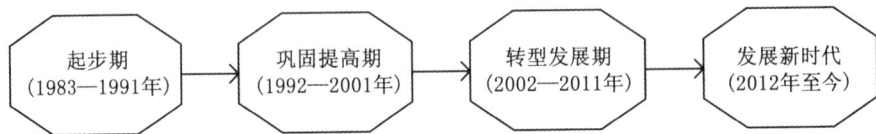

图 1-6　我国内部审计发展历程

第一阶段：起步期（1983—1991 年）

这一阶段主要是国家审计机构及制度的建设。1982 年，《中华人民共和国宪法》确立在我国实行独立的审计监督制度，国家审计制度得以以最高法律形式确立。1983 年 8 月，国务院发布《国务院批转审计署关于开展审计工作几个问题的请示的通知》（国发〔1983〕130 号），其中规定："建立和健全部门、单位的内部审计，是搞好国家审计监督工作的基础。对下属单位实行集中统一领导或下属单位较多的主管部门，以及大中型企业事业组织，可根据工作需要，建立内部审计机构，或配备审计人员，实行内部审计监督"。这成为我国建立内部审计制度的依据，我国内部审计由此拉开了制度化建设的序幕。1983 年 9 月，中华人民共和国审计署成立，在国务院领导下主管全国审计工作。这标志着内部审计工作开始走向正规化、法治化。

20世纪80年代初，大多数企业没有设立专门的内部审计机构，内部审计机构当时隶属于财务部门，此时，企业的内部审计机构要接受多个级别部门的领导，缺乏独立性，较难在企业中发挥出具有权威性的监督作用。该阶段企业强调内部审计的监督职能，内部审计主要审查被审计对象的会计资料及其所反映的经济活动，重点在财产保护、错弊纠查（偏向于财务审计）等方面，依据真实性、合法性、正确性和合理性原则发挥监督作用，推动各项业务向好、向上发展。

在此背景下，内部审计机构在审计署的指导下边组建、边工作，国家相关部门也逐步完善内部审计的法规政策。1985年8月，国务院颁布的《国务院关于审计工作的暂行规定》（现已废止）第十条明确规定，"国务院和县级以上地方各级人民政府各部门，应当……分别设立审计机构或审计人员"。同年12月，审计署发布的《审计署关于内部审计工作的若干规定》明确提出，内部审计是国家审计体系的组成部分，也进一步明确了内部审计工作的内容和要求。1988年11月，国务院颁布的《中华人民共和国审计条例》中第六章对内部审计作了较全面的规定。1989年，审计署发布的《审计署关于内部审计工作的规定》为开展内部审计工作提供了更清晰的指导。

这一阶段内部审计更多地被定义为会计的分支，从属于财务部门。这一时期的内部审计人员，大多是兼职的财务人员，审计的内容主要集中于对会计核算、费用报销、资金支付等方面的稽查，以确保财务资产安全及会计报表真实、有效。在这一阶段，一小部分企业将内部审计机构列为独立的部门，其工作重心主要集中于财务审计，内部审计人员主要定位为企业的"经济警察"。

第二阶段：巩固提高期（1992—2001年）

1992年后，在社会主义市场经济体制逐渐建立起来的背景下，民营经济得到了巨大发展，公司治理意识不断增强，内部审计开始从国家审计工作的延伸转变为组织目标服务。

1994年颁布的《中华人民共和国审计法》在法律层面明确内部审计制度与其完善方向，规定"国务院各部门和地方人民政府各部门，国有的金融机构和企业、事业组织，应当按照国家有关规定建立健全内部审计制度"。

审计署于1995年发布的《审计署关于内部审计工作的规定》与1996年颁布的《审计机关指导监督内部审计业务的规定》，进一步说明了审计机关的工作对象、业务事项等内容。

20 世纪 90 年代中后期，内部审计正式步入职业化、标准化、规范化发展的道路。1997 年，中国证券监督管理委员会颁布的《上市公司章程指引》突出强调了内部审计在企业中的地位，并提出上市公司的审计责任人有权直接向董事会报告。

第三阶段：转型发展期（2002—2011 年）

该阶段审计署按照国务院开展机构改革和坚持政企分开的原则，将审计管理司对内部审计的具体管理让渡给社会组织。为了适应我国加入世界贸易组织（WTO）的新形势和满足内部审计发展的需要，在政府改革与内部审计发展的影响下，2002 年 5 月，民政部批准将中国内部审计学会更名为中国内部审计协会，使其成为对行政机关、企业事业单位和其他组织的内部审计机构进行行业自律管理的全国性社会团体组织，实行内部审计行业的自律管理。

2003 年 3 月，审计署颁布了《审计署关于内部审计工作的规定》（中华人民共和国审计署令第 4 号），明确指出由审计机关对内部审计进行间接指导、监督和管理，内部审计的独立性得到大幅度提高。同时，该规定将内部审计适用对象扩展到国有企业以外的其他企业，并将内部审计定义为"独立监督和评价本单位及所属单位财政收支、财务收支、经济活动的真实、合法和效益的行为"，增加了内部审计的评价职能，改变了以往内部审计只有单一的监督职能的状况。该规定还强调，审计工作应着重于管理效益审计和风险管理审计。由此，内部审计开始从传统审计朝着财务审计与管理审计相结合的方向转型发展。

彼时，中央企业和上市公司的风险管理、内部控制受到广泛的关注。2004—2005 年，国务院国资委接连发布《中央企业内部审计管理暂行办法》《中央企业经济责任审计管理暂行办法》《关于加强中央企业内部审计工作的通知》等文件，对中央企业的内部审计工作提出了具体要求并作出了全面部署。

2006 年 6 月，国务院国资委印发《中央企业全面风险管理指引》，为中央企业开展全面风险管理工作提供指引，其中第四十条要求"企业内部审计部门应至少每年一次对包括风险管理职能部门在内的各有关部门和业务单位能否按照有关规定开展风险管理工作及其工作效果进行监督评价，监督评价报告应直接报送董事会或董事会下设的风险管理委员会和审计委员会。此项工作也可结合年度审计、任期审计或专项审计工作一并开展"。

2006 年 6 月，上海证券交易所颁布《上海证券交易所上市公司内部控制指引》，以推动和指导上市公司建立、健全和有效实施内部控制制度。同年 9 月，深圳证券交易所颁布《深圳证券交易所上市公司内部控制指引》，以加强上市公司内部控制，促进上市公司规范运作和健康发展。这两份指引均明确了上市公司对内部控制的检查和监督。其中，《深圳证券交易所上市公司内部控制指引》第五十九条规定，"公司应按照本指引第十三条的规定设立内部审计部门，直接对董事会负责，定期检查公司内部控制缺陷，评估其执行的效果和效率，并及时提出改进建议"，更加明确地指出内部审计机构应在企业控制中发挥作用，以确保上市公司财务报告的公允性和可靠性。2007 年 12 月，深圳证券交易所发布《中小企业板上市公司内部审计工作指引》，作为第一部聚焦上市公司内部审计工作的规范性文件，该指引主要关注内部审计对公司内部控制和风险管理的有效性。

在这一阶段，内部审计质量外部评估推动着内部审计质量的提升。2006 年 11 月，中国内部审计协会与国际内部审计师协会签署"质量评估协议"，开始引入外部质量评估，并专门成立质量委员会，致力于发展内部审计质量外部评估，促进内部审计机构遵照中国内部审计协会制定的《中国内部审计准则》，运行规范的审计程序，使用合理、科学的审计方法，改进内部审计技术与技巧，保证内部审计的独立性、客观性、谨慎性，帮助提升内部审计人员的胜任能力，提高内部审计工作的质量。2007 年，国际内部审计师协会派出外部质量评估小组，分别对中国广东核电集团有限公司、中广核工程有限公司和中海壳牌石油化工有限公司开展现场评估工作，为探索符合我国国情的外部质量评估道路奠定了坚实的基础。

之后几年，中国内部审计协会分析我国的经济环境、法律环境和发展现状，在参考国际先进评价指标的基础上，结合《中国内部审计准则》的要求，构建了有中国特色的内部审计质量评估体系；借鉴相关领域的经验结论，分析和总结现有评价标准，制定了《内部审计质量评估办法（试行）》《中国内部审计质量评估手册（试行）》。

在这一阶段，企业控制的规范性逐步增强。2008 年 5 月，财政部、审计署、保监会、银监会、证监会联合颁布了我国第一部《企业内部控制基本规范》。该规范强调内部控制的目标是合理保证企业经营管理的合法合规、资产安全等相关信息的真实完整，旨在加强和规范企业控制，提高企业经营管理水平和风险防范能力，促进企业可持续发展。其中第四十四条要求，"企业应当根据本规范及其配套办法，制定内部控制监督制度，明确内部审计机构（或经授权的其他监督机构）和其他内部机构在内部监督中的职责权限，规范内部监督的程序、方法和要求"。2010 年 2 月，国务院第 100 次常务会议修订通过

《中华人民共和国审计法实施条例》，并在同年 4 月下发了《企业内部控制配套指引》，包括《企业内部控制应用指引》《企业内部控制评价指引》《企业内部控制审计指引》。这些指引要求，执行《企业内部控制基本规范》《企业内部控制配套指引》的上市公司和非上市大中型企业，应当对内部控制的有效性进行自我评价，公布年度自我评价报告。这一规定自 2011 年 1 月 1 日起在境内外同时上市的公司中施行，自 2012 年 1 月 1 日起在上海证券交易所、深圳证券交易所主板上市公司中施行。2010 年 7 月，深圳证券交易所颁布的《深圳证券交易所主板上市公司规范运作指引》《深圳证券交易所中小企业板上市公司规范运作指引》均对上市公司的内部审计工作作出了规范。

一系列法规政策的出台，使我国内部审计工作在法治化、制度化和规范化的道路上前进了一大步，逐步形成较为完善的内部审计制度体系。国内大中型国有企业及上市公司的内部控制及风险管理制度建设成为合规要求，在这一阶段，企业的内部审计机构将企业控制及风险管理的监督检查作为核心工作内容，以确保企业合规。内部审计正式从传统的财务审计阶段进入以管理流程的内部控制检查、内部控制评价、风险管理评估为主的审计阶段。

这一阶段，内部审计的主要工作则是在内部控制的制度流程、企业风险管理的制度流程层面进行查错纠偏，并对内部控制及风险管理进行评价及监督检查。内部审计的重心从财务审计转向内部控制及风险管理方面，其定位也开始转变为企业的监督角色。在业务执行方面，通过审计发现风险问题，形成内部控制评价及风险管理评估结果，提出关于内部控制及风险管理的改进建议，为企业在制定内部控制制度、制定业务流程、授权等方面提供服务。从这一点来看，内部审计的定位转变为"监督+服务"的角色。

第四阶段：发展新时代（2012 年至今）

党的十八大以来，党中央将审计作为党和国家监督体系的重要组成部分，习近平总书记亲自谋划、部署与推动审计领域重大工作，为审计事业发展指明了前进方向，作出了一系列重大决策部署。

2013 年，中国内部审计协会修订了《中国内部审计准则》，对内部审计的定义进行重新修订，将原准则中的"监督和评价"职能改为"确认和咨询"职能，扩大了内部审计的职能范围，强调内部审计的价值增值功能，以切合国内、国际内部审计理念和实务的最新发展变化，提升内部审计在组织中的地位，基本实现了与国际内部审计师协会有关内部审计定义的接轨。除了职能范围，新准则对内部审计的范围也作了调整，从经营活动扩大到业务活动（包括经营活动、投融资活动及其他活动），增加了对"风险管理的适当性和有效性"的审查和评价，强调应全面关注组织风险，以风险为基础实施内部审计业务，进一步明确了内部审计在"促进组织完善治理、增加价值和实现目标"中的重要作用。同时，调整、充实、完善了原准则的内容，使其更具可使用性，并能与2008年发布的《企业内部控制基本规范》衔接。新准则的发布标志着我国内部审计准则体系进一步完善和成熟，并逐步与国际惯例接轨。

2014年，中国内部审计协会修订颁布《内部审计质量评估办法》，在我国启动内部审计质量评估工作。

2016年11月，根据《中共中央办公厅国务院办公厅关于印发〈行业协会商会与行政机关脱钩总体方案〉的通知》要求，中国内部审计协会与审计署脱钩，改制为社会团体。其后，部分地方协会也逐步启动脱钩工作。

2018年1月，审计署先后出台两份重要文件，即《审计署关于内部审计工作的规定》（中华人民共和国审计署令第11号）和《审计署关于加强内部审计工作业务指导和监督的意见》。这两份文件的出台为内部审计工作在新时代激发新动能、取得新成效提供了重要的制度保障。

2018年3月，中共中央印发了《深化党和国家机构改革方案》，决定组建中央审计委员会，其职责为研究提出并组织实施在审计领域坚持党的领导、加强党的建设方针政策，审议审计监督重大政策和改革方案，审议年度中央预算执行和其他财政支出情况审计报告，审议决策审计监督及其他重大事项等。同年5月23日，中央审计委员会第一次会议强调，加强对内部审计工作的指导和监督，调动内部审计和社会审计的力量，进一步增强审计监督合力，提升审计监督效能。这是中央对内部审计工作的新指示和要求，在我国内部审计发展史上具有里程碑意义。同年9月11日，全国内部审计工作座谈会在北京召开，时任审计署审计长胡泽君强调，要提高政治站位，深刻认识新时代加强内部审计工作的重要意义；要充分认识到加强内部审计工作是推进国家治理体系和治理能力现代化、实现审计全覆盖、推动实现经济高质量发展的需要。同年9月底，审计署成立内部审计指导监督司。新时期，内部审计在领导体制、机构设置、从业要求、职责权限和结果运用等方面，将发生巨大变化。

2021年10月23日，十三届全国人大常委会第三十一次会议通过了《全国人民代表大会常务委员会关于修改〈中华人民共和国审计法〉的决定》，将第二十九条改为第三十二条，修改为"被审计单位应当加强对内部审计工作的领导，按照国家有关规定建立健全内部审计制度。""审计机关应当对被审计单位的内部审计工作进行业务指导和监督"。

这一阶段在党中央对审计工作的领导下，一系列加强审计监督的法规制度和指导文件的出台，为强化审计监督、完善审计制度提供了法治保障，对企业（特别是国有企业）内部审计的发展有着重大影响。在推进上下联动、全国一盘棋的过程中，更多的内部审计机构通过优化、完善自身管理机制，以更开放的心态主动融入、构建集中统一、全面覆盖、权威高效的审计监督体系。

这一阶段的内部审计更加强调"以风险为导向"和"以价值为导向"开展工作。在业务执行方面，通过"确认+咨询"两种审计方式在企业治理、公司制定发展战略及变革过程中发挥作用，发挥协调功能，为企业提供服务，使传统内部审计开始向增值型内部审计转变，审计价值进一步提升。

三、安全审计的发展现状

（一）国外研究现状

1974年，英国率先提出要对新建道路进行安全审计，并且阐述了这种做法的必要性。之后传入澳大利亚、新西兰、加拿大、美国等多个国家。1978年，澳大利亚联邦政府召开部长会议期间遭遇恐怖袭击，基于管理审计在经济领域的发现问题、纠正问题并整改问题的作用，澳大利亚联邦审计署对政府部门的活动进行安全性评价。20世纪80年代末，英国对修建完毕的道路进行独立检查，用来改善运营道路的安全状况。1990年，英国交通运输部正式颁布了《道路安全审计标准》。1991年，澳大利亚联邦政府开始启用安全审计计划并颁布《保护性安全手册》，开始对每个地区1/5的运营中的道路进行安全审计。1994年，澳大利亚和新西兰联合交通会共同推出名为《道路安全审计》的规范。2006年，美国联邦公路管理局颁布了《道路安全审计手册》，此举推动了道路安全审计的进一步发展。

国外对安全审计的研究，除道路安全审计外，主要集中于航空安全领域。2001年，国际航空运输协会（International Air Transport Association，IATA）制定了一套安全审计标准，用于降低航空公司互相审计的成本。2003年，国际航空运输协会正式启动国际航协运行安全审计（IATA Operational Safety Audit）项目，囊括了900多条安全标准以及安全建议。2004年，国际民用航空组织（International Civil Aviation Organization，ICAO）决议决定对全部国际民用航空组织缔约对象强制进行全面安全审计，囊括了130多个国家和地区的250余家航空公司。由此，航空安全审计已成为一个较为成熟的体系。

（二）国内研究现状

我国学者开展安全审计研究起步较晚，始于 20 世纪末期，最早是在交通运输、民用航空等领域。2010 年 4 月 26 日，财政部、证监会、审计署等五部委联合发布了《企业内部控制配套指引》，第一次将安全生产列入企业控制范畴，并对安全生产内部控制作出专门规定，加快了各行业开展安全审计研究的进度。目前，安全审计已在民用航空、道路交通、石油化工、供电、应急管理、建材、矿山等多个领域得到应用，对强化企业安全管理水平提升、预防事故发生起到重要作用。如图 1-7 所示。

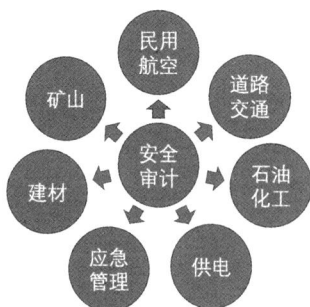

图 1-7　安全审计在我国各行业领域的应用

在民用航空领域，我国民用航空安全审计从 2006 年开始推行，2007 年正式实施，民用航空安全审计是民航局对航空公司、机场和空管单位进行的安全符合性检查，以组织管理、运行管理、人员培训和设施设备技术状况为重点，结合民航安全工作的薄弱环节、专项整治的重要内容和各部门年度工作任务，对企事业单位实施安全审计，其目的是更好地掌握民航企事业单位安全运行状况，促进其建立完善的安全管理体系，提升行业安全运行整体水平。安全审计属政府安全监管行为。

在道路交通领域，从文献来看，道路安全审计在我国的出现最早在 20 世纪末期。王建军、周伟于 1999 年发表的《道路安全审计研究初探》一文，介绍了道路安全审计的定义、目的、阶段、工程项目类型与程序、审计清单以及效益。该文指出，道路安全审计，为预防交通事故发生、减少事故发生的可能性和严重性提供了一种理论方法。冯桂炎于 2000 年主编的《公路设计交通安全审查手册》是为我国公路设计交通安全审查制定的一本实用手册，内容包括了安全检查表安全设计指南、安全审查实施程序等。许润龙等于 2007 年编著的《道路安全审计理论及应用》全面论述了道路安全审计的基本原理、基本方法、数据分析、总体评价和道路各组成部分的审计。此后，国家交通运输企业开展了安全审计工作。如：2007年，山东省菏泽交通运输集团总公司提出"用安全审计排查事故隐患"，重点审计了"八个到位"的落实情况，即认识到位、领导到位、责任到位、措施到位、落实到位、教育到位、设备到位、记录到位。2021年，金华市交通投资集团有限公司将交通企业审计在安全管理中进行应用，针对行车安全管理相关的各方面内容开展审计，客观反映行车安全管理存在的问题或不足，降低行车安全风险，预防和减少安全事故。

在石油化工领域，各企业、研究机构、高校等开展了一系列研究，初步形成了体系化格局，率先出台了化工安全审计团体标准。2014年，中国石化安全工程研究院王涛等人开展了化工企业过程安全审计研究，提出了安全审计依据、过程，针对某化工企业开展实例分析。2016年以来，中国海洋石油集团有限公司创新审计模式，推进"两专"审计，即由业务管理部门派出业务专家，借助审计监督的平台，按审计专业要求开展工作，查深查透质量、安全、生产等专业领域的问题，充分发挥专家专长，放大审计专业优势，从而拓宽审计广度，提高审计深度。2018年，西北油田分公司刘祥开展了基于石油行业HSE管理审计相关问题研究，提出了开展安全生产内部审计的必要性，从12个方面论述了石油行业HSE管理审计的重要内容，提出了安全审计的主要做法、要求和目的。2020年，中国石化北京燕山分公司安全监察部穆云提出运用安全审计全面提升燕山石化安全管理水平，诊断企业在风险管控方面存在的不足，提出整改建议。2020年，广东省肇庆市创新推进安全生产专项整治三年行动落实落细，在危险化学品等高危行业领域提出"安全审计"的做法，在肇庆市实施高危行业领域安全生产主体责任和全员安全生产责任制审计及量化分级项目。2023年，中海油安全技术服务有限公司上海分公司赵严等人将安全审计方法在危险化学品企业进行应用，提出了危险化学品企业安全管理审计概念、优势、体系架构及应用方式，对实践应用效果进行了分析。2023年7月25日，中国化学品安全协会联合赛飞特工程技术集团有限公司编制了团体标准《化工企业安全审计工作指南》（T/CCSAS 040—2023）并发布实施。该标准提出，安全审计是一种审计主体评估审计客体安全管理水平的系统方法，该标准提供了化工企业安全审计的目的、范围、频次、准则、人员及职责、工作程序、审计报告、成果运用等多方面内容，为指导化工企业规范、有序地开展安全审计提供了有力的保障。

在供电领域，比较典型的是，2016 年，南通供电公司开展了企业安全生产管理审计探索，该公司陈启忠等人提出了供电企业安全生产管理审计方法，形成了一套成熟、可推广的安全生产管理审计评价体系和流程，建立并完善了安全生产管理的审计监督防线。他们认为，安全审计应用内部审计理论与方法，重点审查文件批阅、安全会议工作布置、安全生产到岗到位、安全教育培训投入、体制机制创新等方面，对审计对象安全管理方面履职和尽责状况进行审计评价，深入剖析安全生产存在的问题，提出改进建议，形成企业安全生产第三道防线，从而促进在企业安全生产领域逐步建立切实有效的内部控制体系。

在应急管理领域，2008 年，北京市劳动保护科学研究所王喻等人提出安全审计的定义，阐述了安全审计的要素、程序和内容，他们认为，突发公共事件管理的安全审计是指通过一定的审计标准对应急管理工作的全过程（包括预防、准备、响应和恢复）进行全方位的安全符合性检查，揭示政府部门管理中存在的薄弱环节，对各个方面作出评价并纠正存在的问题，从而提高安全管理整体水平。

在建材领域，2017 年，华新水泥股份有限公司探索通过安全审计提升工厂的安全管理水平。该公司通过采访、观察行为和环境以及检查文件来获取客观审计依据，从而评估工厂的安全管理现状。通过系统性的统计分析，有针对性地选择需要紧急处理的问题，这些分析也可作为企业年度健康与安全改善计划和安全培训的参考依据。2020 年，西南水泥有限公司对 11 家企业进行了安全审计，审计内容包括安全政策、安全生产目标、人员能力、安全领导力及安全文化、现场风险管控、应急管理、文件及记录保存、检查和审计及事故管理 9 大方面，涉及 30 个安全标准 113 项成熟度评估要素，取得显著效果。

在矿山领域，2007 年，安徽淮南矿业集团在《煤炭经济研究文选（2007）》中论述了开展安全审计的必要性和可行性，分析了煤炭企业安全审计的特点，提出了开展安全审计需要考虑的问题。煤炭工业出版社 2009 年出版的《中国煤炭经济研究（2005—2008）（上册）》，对煤矿安全审计进行了系统论述，提出了煤矿安全审计的必要性、定位、依据、具体内容、程序方法，这些煤矿安全审计方法、体系较为陈旧，与目前我国内部审计的新要求不匹配。2009 年，黑龙江科技学院（今黑龙江科技大学）孔凡玲对煤炭企业安全生产内部审计的可行性进行了分析，提出了煤炭企业安全生产内部审计的特点、完善发展煤炭企业安全生产的内部审计对策。2011 年，紫金矿业集团东北亚有限公司监察审计室谷影对企业安全费用内部审计开展了研究，分析了存在的问题及应对措施，提出了加强安全费用内部审计的措施。2011年、2012年，黑龙江科技学院刘淑花等人开展了风险导向内部审计在煤炭企业安全生产中的应用研究，阐述了煤炭企业实施风险导向内部审计的必要性，提出了风险导向内部审计在煤炭企业安全生产中的应用程序；开展了煤炭企业安全生产内部审计制度设计，对内部审计目标、职能、程序、方法等进行了详细设计。2012年，云南省地质矿产勘查开发局地球物理地球化学勘查队刘云金等人研究了矿产资源企业安全生产内部审计，提出了矿产资源企业安全生产内部审计应实现与内部控制、公司治理的结合，在角色定位上，从监督制衡转变为参与决策、加强管理。2014年，南京理工大学侯建华提出了矿山安全审计评价指标体系及其遵循的原则和设计思路。2015年，山东科技大学王爱华等人提出煤矿安全生产审计评价体系构建，从安全生产基础建设、安全生产执行、安全隐患排查与治理以及应急救援方面选取评价指标，建立评价模型。该方法初步构建了煤矿安全生产审计评价体系，但评价体系并未覆盖所有安全生产相关活动。2018年以来，西安科技大学李红霞教授带领团队开展了煤炭企业风险管理审计研究，主要包括煤矿管理层和一线矿工行为安全审计研究和煤炭企业安全审计指标体系研究。

近年来，我国各地方政府部门也开展了安全审计工作，取得了显著成效，比较典型的有北京市、山东省济南市、东营市。2023年北京市印发《关于加强重点领域重大安全生产风险防范若干措施》，明确提出"建立重点领域企事业单位安全生产审计制度"。山东省济南市学习借鉴航空安全监管"委任代表"思路，用两年时间探索出一套安全生产"审计式"监督检查服务机制，建立了一套"审计式"监督检查"标准化"任务清单和工作流程，"审计式"监督检查常态化开展，成效显著。山东省东营市河口区应急管理局对辖区内石油炼化、重焦沥青、精细化工、储存经营、工贸等五大板块159家生产经营企业实施"安全审计"，采用"政府统筹推进、咨询机构支撑、标杆企业示范、责任主体履责"的方式，集中企业、政府和中介机构三方共同推进，杜绝了日常检查中的不专不精和不系统不全面问题，夯实企业主体责任。

综合上述研究成果，我国学者对煤矿安全审计方面开展了大量研究工作，但这些方法大多数未得到有效落地，从行业角度，煤矿安全审计尚未形成统一的概念，尚未建立涵盖煤矿企业上级公司及煤矿全要素的安全审计标准体系。目前，国内煤矿企业仍然比较重视日常的安全检查，对于安全审计的认识还不到位、重视程度还不够，相当多的煤矿企业都没有建立起系统的安全审计制度，因此亟待结合煤炭行业实际情况，借鉴国外及其他行业先进经验，开展煤矿安全审计研究，形成一套系统性理论与方法，促进煤矿安全管理水平提升。

第三节　安全审计职能、作用和目标

一、安全审计职能

审计职能是审计本身所固有的内在功能，并反映出审计的本质。审计的职能随着审计目标的变化而变化，并为实现审计目标服务。安全审计目标是实现煤矿企业的安全生产，实现更大的社会效益。安全审计职能主要有以下几个方面。

（一）安全审计监督职能

煤矿企业必须通过自我检查、自我纠正和自我完善，建立有效的安全生产内部监管机制，强化安全管理，才能实现安全生产。安全审计作为煤矿企业监督机制的重要组成部分，对于煤矿企业治理结构的优化以及企业安全生产发挥着不可忽视的作用。安全审计是对企业经营管理的监督，包括对安全生产活动和安全生产的内部控制的监督，并向管理部门反馈这些信息及其他有关信息，为直接或间接纠正安全生产的内部控制偏差、促进内部控制的完善提供依据。

（二）安全审计防范职能

安全审计不是事后的财务审计，而是事前及事中全过程审计。安全审计主要是对煤矿企业生产前安全设施的建设、人员的安全培训、生产过程中安全设施的维护使用以及生产人员的生产行为进行审计，更注重事前防范审计。煤矿企业的安全生产主要是防止风险事故的发生，消除安全隐患。由于内部控制本身具有防范的功能，作为内部控制重要组成要素的安全审计也就拥有防止安全隐患发生的防范功能。

（三）安全审计评价职能

安全审计的评价职能是安全审计为企业提供的服务职能，安全审计应为企业生产经营活动的正常运行和经济效益的提高提供服务。煤矿企业生产安全是企业生产经营活动正常运行的前提条件，更应成为安全审计评价的对象。安全审计评价职能对煤矿企业安全生产目标、指标、规章制度、操作规程等进行评价，在评价的基础上进行修改完善，持续改进，不断提高安全绩效。

（四）安全审计咨询职能

安全审计咨询职能也是安全审计为企业提供的服务职能，是对检查职能和评价职能的利用和发展。安全审计通过检查和评价职能的实施，获得企业安全生产的相关信息，在对这些信息进行分析、处理的基础上，为管理部门提供咨询服务，从而实现煤炭企业安全生产的目标。

二、安全审计作用

（一）夯实企业安全生产主体责任

安全审计紧盯煤矿企业领导班子成员安全责任落实，通过开展安全审计，主要负责人及安全生产管理人员安全发展理念更加牢固，"零死亡"的目标更加明确，安全红线意识进一步增强，依法办企管矿形成习惯，形成内部监督机制；有关负责人安全风险意识和责任意识得到提升，更加具有担当精神，能够严格履行岗位安全生产责任制，自觉把落实主体责任贯穿到工作的各环节、全过程。

（二）提升安全基础保障水平

安全审计覆盖煤矿安全生产全部系统环节，实施安全管理和安全技术全覆盖监督检查，通过开展安全审计，各煤矿在管理、系统、素质、装备方面显著提升，采、掘、机、运、通等主要生产系统存在的问题得到解决，"一优三减"进一步推进，系统更加可靠；管技人员的管理水平和业务能力进一步提高；设备设施安全状况、现场作业环境得到进一步改善，双重预防机制更加健全完善；查找煤矿在重大灾害治理方面存在的短板和不足，各项治理措施得到有效落实，效果逐渐显现，应急救援能力显著提升。

（三）提升企业安全管理水平

通过开展安全审计，彻底摸清煤矿安全管理现状，全面排查各层级安全管理存在的问题和隐患，剖析问题产生的根源，针对深层次问题，提出整改措施和建议，全面提升安全管理水平，煤矿安全生产责任制和安全管理制度更加健全完善，组织结构、人员配备更加健全、科学，煤矿安全管理更加科学有效。

（四）创新安全监督管理模式

传统的综合检查、安全检查重形式、走过场、忙迎接，只能查出表面上存在的问题，而安全审计则是一种创新的能有效抑制和减少安全事故的新方法、新思路，通过发现、追溯、找短板的方法，深层次透析安全管理问题，有效提升安全管理水平，创新和深化安全管理监督。

（五）强化煤矿企业内部控制

安全生产作为企业生产经营活动的一部分，是企业控制的重要组成部分，开展安全审计就是由企业审计部门对安全生产内部控制开展监督评价，对安全生产内部控制的适当性、合法性和有效性进行审计，行使监督职责，促进企业完善内部控制、提高内部管理水平、防范安全风险。

三、安全审计目标

常规安全审计的最终目标是实现企业价值最大化，一般目标是对企业的经营活动和内部控制的适当性、合法性和有效性进行审计。安全审计的最终目标和一般目标都比较宏观，在具体的安全审计工作中，还需要进一步具体化，安全审计具体目标要随空间、时间、审计对象的变化而重新定位。

煤矿安全审计的审计对象是企业的生产活动和生产安全内部控制，审计的空间是煤矿企业。煤矿安全审计目标要从财务审计、效益审计向管理审计、责任审计转变。因此，煤矿安全审计的具体目标是：（1）掌握煤矿安全生产管理体系运行状况；（2）查找煤矿安全管理存在的问题，分析问题产生的根本原因，并给出整改提升建议；（3）评估煤矿安全运行绩效；（4）降低煤矿安全风险；（5）指导煤矿完善安全管理体系。

实施安全审计的目的，不仅是查找煤矿企业安全生产中存在的问题，更要通过审计来查找煤矿企业安全管理中存在的不足和薄弱环节，从而有的放矢地对企业安全管理提出改进建议，促进企业加强内部管理，执行法律法规、标准规范，完善各项管理制度，规范人员操作，提升员工素质，真正把安全管理的精髓贯彻落实到实际生产管理活动中，有效杜绝各类隐患的产生，实现持续安全生产。

第二章

煤矿安全审计类型、对象、内容和方法

第一节　安全审计类型

一、按照审计内容不同

按照审计内容的不同，安全审计分为安全管理审计和安全技术审计。

安全管理审计是指对被审计单位安全管理体系运行情况开展系统性监督、评价，全面发现事故隐患，分析深层次根源性原因，提出改进措施和建议，促进企业健全各项安全管理制度，提高安全生产管理水平，以实现安全目标的一种审计活动。

安全技术审计是指对被审计单位涉及的各专业安全技术措施及执行情况开展系统性监督、评价，全面发现事故隐患，分析深层次根源性原因，提出管理提升的措施和建议，促进业务保安责任落实，提高业务保安能力，以实现安全目标的一种审计活动。

通常情况下，一个完整的煤矿安全审计包括安全管理审计和安全技术审计两部分，这两部分实现了煤矿安全生产各系统全覆盖，是密切联系、互相印证的，比如安全技术审计发现的深层次问题可能是由于安全管理不到位产生的，安全管理审计也需要从技术角度出发，反映出管理方面存在的深层次问题。当然，审计机构也可根据委托方要求和被审计对象的特点，单独开展安全管理审计或者安全技术审计。

二、按照审计周期不同

按照实施的周期分类，安全审计还可分为定期安全审计和不定期安全审计。

定期安全审计是按照预定的间隔周期进行的审计，如煤矿、化工等高危行业领域每年开展一次安全审计。

不定期安全审计是出于需要而临时进行的审计，如对一定时期内发生事故的煤矿进行安全审计，对存在重大隐患的煤矿开展安全审计。很显然，发生事故和存在重大隐患并没有明显的时间规律，所以要开展不定期安全审计。不定期安全审计主要包括事故审计、重大安全问题审计和专项审计。

（1）事故审计是指将一定时期内发生过人身或设备事故（事件）或受到政府部门通报等事件的单位列为审计对象。

（2）重大安全问题审计是指将存在安全管理重大问题和重大隐患的单位列为审计对象。

（3）专项审计是指根据国家或者上级公司专项检查和专项工作需要，确定部分单位为专项审计单位。

安全审计分类如图 2-1 所示。

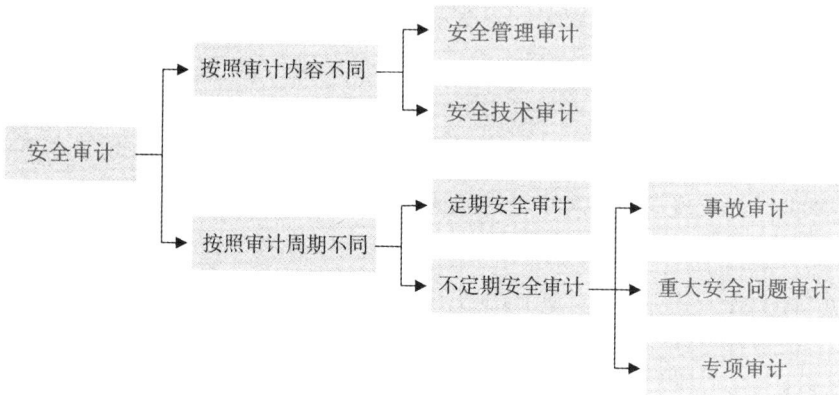

图 2-1 安全审计分类

第二节 安全审计对象

一、安全审计主体

安全审计主体就是审计行为的执行者，即安全审计工作组，是指企业审计部门、内部审计人员或受其委托的专业机构和人员，由他们负责对企业安全生产状况进行审计。各煤矿企业审计部门的名称叫法不一，如审计委员会、审计部、内控审计部等。

二、安全审计客体

安全审计客体就是审计行为的接受者，即指被审计的企业单位，包括煤矿上级公司和煤矿，实现了"上级公司+煤矿"安全审计全覆盖。

上级公司是指各级具有法人资格的煤矿上级企业集团公司及总部（煤矿的母公司或对煤矿具有经营管理权限的各级公司）。煤矿包括企业内的所有正常生产、建设和停产的煤矿，按照开采方式不同，分为井工煤矿和露天煤矿。

安全审计范围涵盖审计客体所有安全管理活动、各层级人员、设备设施及现场作业情况，实现"人-机-环-管"全覆盖。

三、安全审计委托人

安全审计委托人一般是指煤矿企业的管理层、董事会或者审计委员会等。安全审计委托人和被审计人之间具有委托代理关系，从某种意义上来说，安全审计委托人处于主导地位，而被审计人处于服从地位。

安全审计委托人授权或委托审计人对被审计人进行审计，审计人对被审计人进行审计之后，将审计结果报告给安全审计委托人。审计人既接受安全审计委托人的委托或授权，又对审计客体所履行的安全责任进行审查和评价，但独立于两者之间，与安全审计委托人及审计客体不存在任何经济利益上的联系。安全审计委托人和被审计人之间存在管理层级关系，被审计人对审计委托人承担了安全责任，安全审计就是鉴证安全责任履行情况的机制。安全审计三方关系如图 2-2 所示。

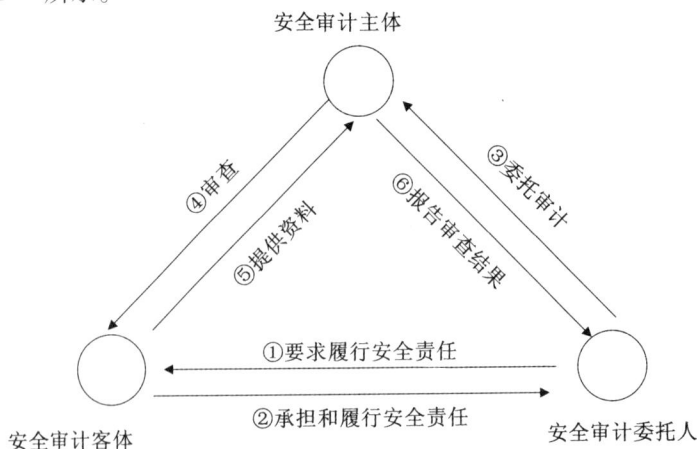

图 2-2 安全审计三方关系

案例

以某中央企业集团公司为例，其下设若干个子分公司，每个子分公司均管理若干煤矿，集团公司和子分公司层面均设有独立的内部审计机构。

如果安全审计委托人为集团公司层面，那么安全审计主体既可以是集团公司内部审计部门，也可以是集团公司内部审计部门委托的中介机构；安全审计客体则是各子分公司和所属的基层煤矿（这种方式称为"上审下"），也可以是集团公司本部安全生产相关部门（这种方式称为"同级审"）。

如果安全审计委托人为子分公司层面，那么安全审计主体既可以是子分公司内部审计部门，也可以是子分公司内部审计部门委托的中介机构；安全审计客体则是所属基层煤矿（这种方式称为"上审下"），也可以是子分公司安全生产相关部门（这种方式称为"同级审"）。

四、安全审计业务组织形式

传统的内部审计工作通常有4种业务组织形式：一是完全自审，即审计组全部为内部审计人员，内部审计机构出具审计结论；二是完全委托，即审计组全部为第三方中介机构；三是自审为主，即审计组以内部审计人员为主，第三方中介机构支撑，审计结论由内部审计机构出具；四是委托为主，即审计组以第三方中介机构为主，第三方中介机构出具审计结论，内部审计人员对结果做形式审查。

近年来，内部审计内外部环境发生了一系列新的变化，中央审计委员会成立，国家颁布了《关于加强审计工作的意见》《审计署关于内部审计工作的规定》等相关规定，审计范围逐步扩大、审计任务不断加重、对审计质效要求也越来越高。煤矿安全审计具有很强的专业性，需要有安全管理、采矿、地质、机电、运输、通风等多个专业参与。目前，煤矿企业的内审人员以财务相关专业为主，且人员普遍较少，存在审计人员专业背景相对单调与审计事项丰富的矛盾、审计事项增量明显与审计人员相对不足的矛盾。

内部审计机构也可以采取委托社会中介机构（业务外包）的形式，引进社会力量开展内部审计工作。《审计署关于内部审计工作的规定》（中华人民共和国审计署令第11号）第八条规定："除涉密事项外，可以根据内部审计工作需要向社会购买审计服务，并对采用的审计结果负责。"2019 年 6 月，中国内部审计协会发布施行的《第 2309 号内部审计具体准则——内部审计业务外包管理》，适用于组织及其内部审计机构将业务委托给本组织外部具有一定资质的中介机构的情况。内部审计引进社会中介机构力量后，将有力支撑内部审计机构履行工作职能，立足现有人力资源，推进内部审计工作全覆盖，内部审计机构的角色将实现从"做审计"到"管审计"的转变。鉴于煤矿安全审计专业性强的特点，不宜采用完全自审方式，建议采用完全委托或者委托为主的组织方式，专业技术力量较强的煤矿企业也可以采用自审为主的组织方式。

第三节　安全审计内容

一、选取原则

（一）科学性原则

安全审计内容科学性是审计工作的基础。科学性原则要求审计内容的选择、信息收集、涵盖范围等都必须有科学依据。

（二）系统性原则

安全审计内容要全面涵盖煤矿上级公司、井工煤矿、露天煤矿安全生产各方面，涵盖安全管理各要素，涵盖井工煤矿各生产系统和露天煤矿各生产环节。

（三）针对性原则

煤矿开采条件、开拓方式、灾害类型、企业性质、生产规模等不同，制约安全生产的关键因素不同，因此，安全审计内容的选择应紧密结合被审计对象的特点，内容应全面反映被审计对象实际特征。

（四）动态性原则

安全审计内容并不是一成不变的，是紧密结合被审计对象的特点，随着国家有关安全生产政策、法律法规、煤矿安全生产条件变化而变化的动态过程，根据变化情况和安全监管工作要求动态更新、合理确定。如：有的煤矿不是冲击地压矿井，因此审计内容不应包括冲击地压内容；有的露天煤矿不需钻孔爆破，物料直接采装，因此审计不应包括钻孔爆破内容。

二、安全审计

安全审计内容包括：安全发展理念、安全生产责任制和管理制度、领导班子安全责任落实、内部安全监管、业务保安、区队管理、双重预防机制、安全生产基础、从业人员素质、事故调查处理、承包商管理、安全生产重要文件和会议精神贯彻落实等 12 个方面，内容基本涵盖了《安全管理体系 要求》（GB/T 43500—2023）、《企业安全生产标准化基本规范》（GB/T 33000—2016）、《职业健康安全管理体系 要求及使用指南》（GB/T 45001—2020）各要素，实现安全管理全覆盖。

（一）安全发展理念

重点审计对习近平总书记关于安全生产重要论述是否宣传、贯彻落实到位，是否能够统筹好发展和安全，是否坚持人民至上、生命至上，是否坚持党对安全生产工作的领导，是否树牢法治思维。

（二）安全生产责任制和管理制度

在安全生产责任制方面，重点审计是否建立横向到边纵向到底的全员安全生产责任制，责任内容是否明确具体和具有可操作性，是否有配套的监督检查和考核制度，是否定期检查、考核责任制的履行情况并实施奖惩。

在安全生产管理制度方面，重点审计安全生产规章制度是否具有完备性、承接性、有效性和针对性，是否贯彻落实到位。

（三）领导班子安全责任落实

党政一把手，重点审计《中华人民共和国安全生产法》（以下简称《安全生产法》）规定的生产经营单位的主要负责人对本单位安全生产工作负有的 7 项职责是否落实到位，安全生产委员会（以下简称安委会）、安全办公会机制是否完善、是否落实到位。

领导班子其他成员，对照安全生产责任制，重点审计分管范围内安全职责的落实情况。

（四）内部安全监管

重点审计安全管理机构是否健全，人员配备是否满足要求，内部各项安全监管制度是否执行到位，现场安全监管是否到位，安全考核机制是否健全、是否执行到位。

（五）业务保安

重点审计各业务保安机构设置是否齐全，业务保安职责是否明确，业务保安部门是否经常深入现场解决实际问题、履行业务保安职责。

（六）区队管理

重点审计区队管理机构设置是否合理，人员配备是否齐全，责任分工是否明确、责任是否落实到位，区队对煤矿的各项文件、制度、会议要求是否落实到位。

（七）双重预防机制

在安全风险分级管控方面，重点审计风险分级管控机制是否完善，机构、人员、责任是否明确，年度、专项辨识是否按照要求开展，重大风险管控措施是否落实到位。

在事故隐患排查治理方面，重点审计隐患排查治理机制是否完善，隐患治理是否符合规定，安全隐患是否及时得到整改，是否做到"举一反三"，防范措施是否制定并落实到位等。

（八）安全生产基础

重点审计安全生产标准化管理体系是否完善，安全投入保障机制是否健全，安全费用是否足额提取、规范使用，高风险作业是否管控到位；是否建立应急救援机制，是否已制定完善的企业事故应急救援预案，是否配备必要的应急救援人员和救援器材设备，是否组织经常性的应急演练。

（九）从业人员素质

重点审计人员配备及准入是否符合要求，安全培训考核机制是否健全及执行是否到位，班组建设制度是否完善、是否执行到位，岗位标准作业流程是否全面、是否及时修订并定期考核，不安全行为管控制度是否健全，是否分级分类管理，矫正培训、上岗回访等管理是否符合要求。

（十）事故调查处理

重点审计事故管理制度和事故档案是否建立，事故汇报是否及时，事故处理"四不放过"是否落实，事故警示教育是否开展。

（十一）承包商管理

重点审计是否建立并执行承包商及作业活动安全管理规范，承包商准入、过程控制、考核评价等是否管控到位，承包商是否依法合规。

（十二）安全生产重要文件和会议精神贯彻落实

重点审计领导班子及各级管理人员安全文件的阅办情况、法律法规及国家部委有关会议文件贯彻执行情况，安全生产一号文件贯彻落实情况等内容。此部分可与各年度安全生产重点工作相结合，添加到审计内容之中。

三、安全技术审计

（一）露天煤矿

露天煤矿安全技术审计内容包括：钻孔爆破、采装运输、排土、边坡、机电、防治水、防灭火、基本建设等8个方面，内容涵盖了露天煤矿各生产环节和要素以及安全生产标准化管理体系质量控制中的各要素，同时考虑基本建设矿的特点，增加了基本建设方面的审计内容。

1. 钻孔爆破

重点审计钻爆作业管理和检查制度是否完善、是否落实到位，钻孔、爆破设计及安全技术措施内容是否符合要求、是否执行到位，爆破设计人员资质是否符合要求，爆破警戒设置是否符合要求。

2. 采装运输

重点审计露天煤矿采剥接续是否正常，采场布局是否合理；运输系统布局是否合理，开采范围的小窑采空区、自燃发火区治理措施是否齐全、治理到位。台阶高度、工作平盘宽度、运输道路宽度、道路坡度等是否符合设计要求。车辆安全防护装置是否齐全有效，道路警示标志是否设置齐全。

3. 排土

重点审计排土场布局是否符合设计要求，排土场地质测绘和工程、水文地质勘探是否需要，各项排土参数是否符合设计要求。

4. 边坡

重点审计边坡角度是否符合设计要求，采场最终边坡、排土场边坡管理是否符合规定，边坡监测系统设置是否可靠、运行是否正常，不稳定边坡的治理措施是否齐全、现场是否严格执行。

5. 机电

重点审计各类机电设备是否完好，安全装置是否有效、是否带病作业，是否有淘汰设备；紧急撤离预警系统设置是否符合要求；变配电设施是否完好，停送电、防雷、接地等是否符合要求。

6. 防治水

重点审计排水系统是否可靠，排水设备设施配备是否齐全、完好；坑下水害隐患治理是否符合规定，地面防治水措施是否落实到位，隐蔽致灾因素普查工作是否符合要求。

7. 防灭火

重点审计地面和采场内防灭火措施是否符合要求，主要设备灭火器材配备是否齐全、有效；开采有自然发火倾向的煤层或开采范围有火区，是否制定并落实各项防灭火措施。

8. 基本建设

适用于基本建设煤矿。重点审计建设项目的合规性，项目建设期间的承包商管理、应急救援、安全培训、安全技术措施审批是否符合要求，项目建设后期的联合试运行、预验收等是否符合要求。

（二）井工煤矿

井工煤矿安全技术审计内容包括：生产布局及生产接续，采煤、掘进，机电、提升运输，一通三防，安全监控与通信，地测防治水，冲击地压，基本建设等8个方面，内容涵盖了井工煤矿各系统及安全生产标准化管理体系质量控制中的各要素，同时考虑基本建设矿的特点，增加了基本建设方面的审计内容。

1. 生产布局及生产接续

重点审计矿井生产布局是否科学合理、采掘抽接续是否正常，是否满足灾害治理时间、空间、效果需要。

2. 采煤、掘进

重点审计是否存在超能力、超强度或者超定员组织生产，是否超层越界开采，是否擅自开采或破坏保安煤柱等重大隐患，组织机构及制度是否健全完善，规程措施是否齐全、是否能指导现场。

重点审计采掘工作面支护体系是否可靠，巷道布置及支护形式是否合理；

巷道施工及维护措施是否落实；采掘工作面过地质构造带、应力集中区和受采动影响的巷道是否加强支护；矿压观测仪器设置是否符合要求；井下巷道检查维护是否及时；采煤工作面顶板垮落是否及时。

3. 机电、提升运输

重点审计提升供电、运输等主要生产系统设计是否合理可靠，是否能够满足安全生产要求；是否建立健全机电运输管理机构、配备人员；是否有淘汰设备等。

重点审计矿井主要提升机、主通风机、主排水设施和主要空气压缩机等大型设备是否按规定装备、检修和检测检验，安全保护装置、安全防护设施是否齐全、完整、灵敏、可靠，设备运行状况和运行环境是否符合要求。矿井电源、变配电设施、供电线路和电缆是否符合要求，供、配、用电设备之间匹配是否符合要求；安全保护是否齐全、可靠；矿用电缆是否有安全标志，是否符合阻燃要求；是否按规定使用防爆电气设备；井下变配电硐室设置和管理是否符合规定；井下轨道、电机车、胶带运输系统、运人系统是否符合《煤矿安全规程》的要求。

4. 一通三防

重点审计煤矿通风系统是否合理可靠，矿井通风能力是否满足安全生产要求；通风安全管理制度是否齐全、落实有效，通风设施是否完善。是否按规定检查瓦斯、落实治理措施，是否检查瓦斯"三对口"执行情况。瓦斯抽采系统是否完备、抽采工艺合理、现场管理严格；突出危险性鉴定是否符合要求；突出危险性预测开展是否及时；区域防突措施规划和年度实施计划编制是否规范、落实严格；防突预警分析处置制度是否完善、执行严格。

重点审计防灭火管理制度建立及执行情况，综采综放工作面是否制定专门的防治煤炭自燃发火的措施并认真落实。地面消防水池和井下消防管路是否完善、保证正常使用，消防水池是否按规定进行检查。灌浆、注氮、喷洒阻化剂等防灭火系统是否完善、运行可靠。自燃发火观测、束管及光纤传感监测等自燃发火监测系统运行是否稳定。自燃发火预测预报是否准确。

5. 安全监控与通信

重点审计监控系统是否监测有效、断电可靠、闭锁齐全、运行可靠，安全监控与通信系统一般要求及主要功能是否齐全、完好，装备设置是否符合要求，系统使用与维护是否符合要求。

6. 地测防治水

重点审计防治水制度建立及落实情况，防治水机构、人员配备情况，防治水基础管理是否符合要求，井下水害隐患治理是否符合规定，地面防治水措施是否落实到位，排水系统能力是否满足要求，排水设备设施配备是否符合要求，水害应急处置措施是否落实。

7. 冲击地压

重点审计冲击地压矿井机构设置及人员配备情况，冲击倾向性鉴定、冲击危险性评价情况，防冲设计、安全论证、专项措施制定及落实情况，监测预警开展情况，综合性防冲措施制定是否合理、严格落实。

8. 基本建设

重点审计项目建设范围和程序是否符合要求，项目建设单位安全管理制度建设、安全协议等是否符合要求，施工单位安全管理制度、施工组织管理、培训等是否符合要求，监理单位机构及措施是否符合要求，建设项目井巷施工是否符合要求。

煤矿安全审计体系架构如图 2-3 所示。

第四节　安全审计方法

安全审计常用的方法包括审阅法、观察法、询问法、问卷法、访谈法、重新演示法、穿行核查法和审计抽样，如图 2-4 所示。

一、审阅法

审阅法是基于书面资料进行审阅与核对的一种方法。这里的审阅指的是仔细地浏览与查看，核对指的是仔细地比较与核实。对煤矿安全生产内业资料的检查一般都采用审阅法。

（一）审阅的基本步骤

主要步骤如下：

第一步，根据确定的审计目标和已经了解的情况，向被审计单位索取有关书面文档、影像资料、监测监控等数据资料。

第二步，对取得的书面文档进行审核。

第三步，记录发现的疑点等重要内容。

（二）审阅的基本要点

主要内容有"四看"：

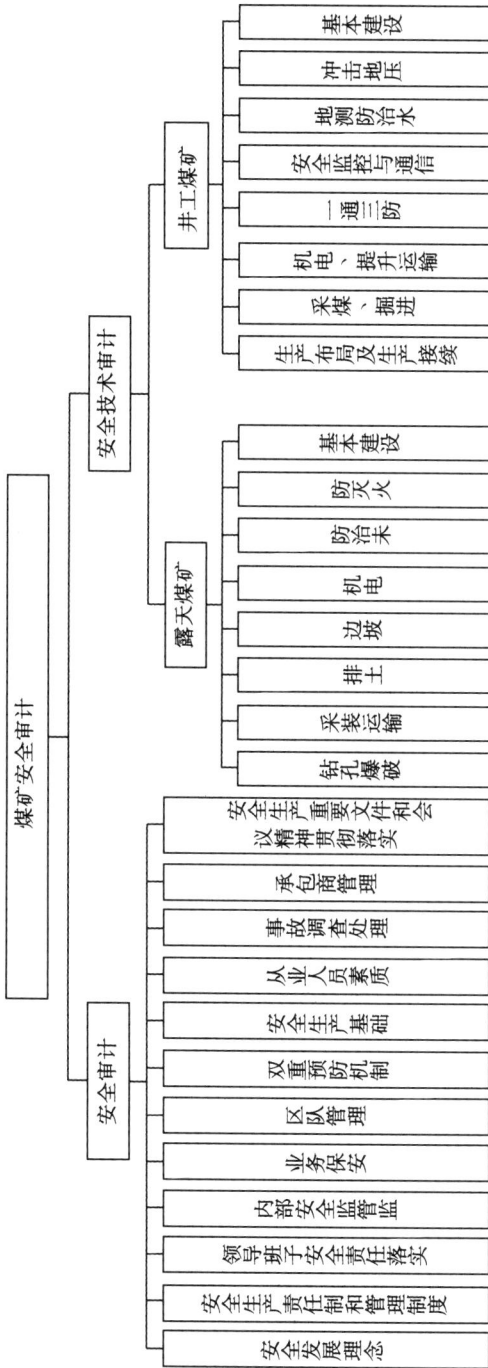

图2-3 煤矿安全审计体系架构图

图 2-4　安全审计方法

一看资料的完整性，就是对照审计项目，看检查该项内容应该具备的文件是否齐备。

二看资料的协调性，就是看各项资料相互之间是否一致、是否有突兀感、能否相互印证。

三看资料的真实性，就是看重要文件是否真实，有无伪造、变造。

四看资料的有效性，就是看重要文件是否有法定效力，是否为正式文件，是否有审批、有红头、有盖章、有日期。

"四看"是相互联系的，有时是递进关系。比如，看资料的真实性和有效性，往往需要借助看资料的协调性。审计人员发现一些资料互不协调，进而发现资料有假，或者资料的有效性不足。所以，审计人员在对书面资料进行审核时，要注意并用"四看"。

二、观察法

观察法是审计人员亲临现场进行实地观察检查，借以查明事实，以获得实物证据和环境证据的一种方法。对被审计单位的生产经营过程、各工作的业务处理过程或作业现场进行实地观察，是煤矿安全审计实施阶段一个极其重要的组成部分，它能够使审计人员直接感觉和认识被审计单位的基本情况，深入理解和把握各类活动实际的目的和效果，为发现审计异常、确定审计重点提供有力保证。

（一）观察的方法

主要有"四法"。

1. "障眼"观察法

"障眼"观察法是指审计人员在观察前，不打招呼、不告知被审计单位有关人员意图，按照掌握的线索和发现的疑点，找个"空隙"，采取"随便走走转转"形式，寻找观察目标，并及时编制观察记录，注明观察的事项、内容和结果等，以获取有力的证据。此法虽然外在表现为观看无"目的"和漫不经心，但在实际运用时，往往会取得意想不到的效果和获得审计进展。

2. "定序/反序"观察法

"定序"观察是指按照一定的顺序进行观察，或由上到下，或由左到右，或由近及远，或由东到西，或由点到面，或由外及里等。"定序"观察易把握，是审计人员常运用的观察取证方法之一。"反序"观察即不按照事先的约定或一般的顺序进行观察，以打乱被审计单位预先安排，能取得出其不意的效果。

3. "寻根"观察法

"寻根"观察法是指对被观察对象，从头至尾，寻根追底，把它看全问清，找到它的"根"，以获取有效的证据。此法在实际运用中，往往与询问法有机结合起来，审计人员可以一边观察，一边询问一同到现场的被审计单位分管人员或具体承办人员，弄清相关事项的前因后果。采用"寻根"观察法，有时需要反复多次，才能"寻"出需要取证的"根"。

4. "比较"观察法

"比较"观察法是指将现场观察到的实际状况，与观察前查阅的相关资料、报表数据进行对比或联想，对观察事项做纵向和横向比较，以收集有力的证据。运用"比较"观察法，往往与分析性复核有机结合起来，除重视现场观察外，还应把功夫下在观察前的准备工作上。

此方法要求审计人员在观察前，熟悉被审计单位提供的相关数据和资料，了解被观察对象的过去，掌握同行业的参照平均指数，使其成为观察取证时提供依据和分析判断的参照物，只有这样，才能确保观察时心中有数。

（二）观察的技巧

观察是一门很深的学问，是一种艺术，要想掌握它，除掌握一些方法外，更重要的是在实践中总结技巧。审计人员在具体运用中，如能注意把握以下几点，可能会取得更好的效果。

1. 要确立观察目标

审计人员在观察前，要设计完整的观察计划（除特殊情况外），确立明确具体的观察目标，按计划进行观察，有目的、有针对性地观察；观察中勤做审计观察笔记；观察后须对审计记录进行整理，以便获得充分有效的证据。

2. 要把握观察重点

对所有的现场和活动过程进行现场观察既是不可能的，也是不必要的。现场观察的工作内容应该根据项目审计目标来确定。一般来说，现场观察应该覆盖与被审计对象相关的所有重要方面，包括井工煤矿各生产系统、露天煤矿各生产环节。

3. 要用心观察

观察是有意识、有目的地感知自然或社会现象的过程。现场观察是一项认真细致的工作，绝不能敷衍，在现场观察过程中，审计人员既要注意"看"，也要注意"听"，还应该适当地运用分析判断，以挖掘那些未曾被考虑而又需要进行观察的事物，时刻注意那些不正常、不安全、低效率或任何可能存在问题的迹象。也就是说，审计人员必须"五官灵敏"，充分运用视觉、听觉、嗅觉、味觉和触觉，特别是要进行联想、思索，要将"观察"与"思索"结合起来，才能充分体现观察在审计取证中的魅力。

4. 要与其他取证方法结合运用

虽然观察在收集审计证据中可以单独采用，但在实际工作中，为保证审计证据"三性"（即充分性、相关性、可靠性），审计人员往往会根据不同取证事项的需要，将其与审阅、询问等方法有机结合起来，使收集审计证据的过程更具科学性，审计证据效果更好。

5. 要有人陪同

现场观察要有熟知情况的管理人员陪同进行。在观察过程中，审计人员应随时提出一些具体的问题，以求得现场解答，尤其对观察中发现的不正常或存在疑虑的现象，应该询问其原因，直到得到满意的回答为止。适当地听取现场作业人员就目前情况和存在问题进行的介绍和解释，并对之进行比较分析，有助于审计人员从不同人员对同一事物所做的不同解释中，揭示可能存在的重大问题或需要深入调查的潜在领域。

6. 要保持职业谨慎

在利用现场观察所收集的信息和结果时，审计人员应保持谨慎的态度。一方面，现场观察中所观察到的一切情况都可能是随机事件，并不能完全代表正常条件下的一般现象。这要求在后面的审计工作中进一步证实。例如，审计人员在现场发现煤矿某掘进工作面现场工程质量、文明生产等做得非常好。但是通过调阅其他掘进工作面工业视频监控，发现现场工程质量、文明生产均存在较大问题,安全隐患较多。这就表明,审计人员在现场看到的是一种假象。审计人员所听到的介绍和解释,可能不是真实情况的反映,可能与真实情况相背离。因此,审计人员既不能过于信赖被审计单位有关人员提供的信息,也不能被现场观察到的良好状况的假象迷惑。当然,也不能由于观察到了不安全、不正常的现象,就轻易得出存在问题的总结或结论。在现场观察和利用其结果时,审计人员必须牢记:所观察到的一切情况,并不一定反映了事物的真相,都需要得到进一步的证实。

7. 要形成文字记录

在现场观察过程中或之后,审计人员应该收集那些证实现场观察中发现的可能存在问题的资料,并对所获取的各种信息进行归纳总结,形成书面记录,为确定审计重点和审计步骤提供参考依据。

三、询问法

询问指对审计过程中发现的疑点和问题,通过口头询问或质疑的方式弄清真相,并取得口头或书面证据的一种调查方法。对一般问题,口头或书面询问均可;但对重要问题,则尽量采用书面询问并取得书面证据。书面证据是非常重要的,有时是审计成败的最重要因素。

询问在审计调查中的运用比较普遍,也是审计人员应该具备的基本技能。日常审计调查中的询问,主要是与被审计单位相关人员的谈话,包括证人、被审计人、知情人或检举揭发人。询问技巧的高低、运用是否得当,是检验审计人员实际工作能力的重要标志。学习和掌握询问的方法,提高审计谈话水平,对于提高审计工作水平具有重要意义。审计中获取询问成功的方法和技巧有以下几个方面。

（一）获取信息的方法技巧

1. 重复谈话

对较复杂的重大问题进行反复的提问,让被审计人反复陈述。如果他的陈述是假的,那么总会出现前后陈述矛盾的情况,审计人员可以从矛盾中获得其编造的假内容,以及掌握他想掩盖什么问题等信息,达到获取信息的目的。

2. 利用矛盾

由于被审计人在违纪违规中的角色、地位不同,面对调查的态度不同,他们互相之间会存在矛盾,其陈述也难以完全一致。审计人员可以利用他们之间的矛盾,使其互相推诿、指责,查清所需要澄清的问题。

3. "容许"编造谎言

在某种情况下，审计人员可允许被审计人自由陈述他想说的一切和编造的流言，并如实做好记录，从谎话的侧面完全可以弄清楚他想回避什么、注意什么，在适当时机揭穿谎言，促使其真实陈述。

(二) 分散注意力的方法技巧

1. 自由交谈

对于那些对谈话感到压抑，用消极态度对待谈话的被审计人，审计人员要改变谈话的方式，创造轻松和谐的气氛，使其在不知不觉中顺从和接受审计人员的谈话，把谈话内容逐渐引向实质问题，取得理想的谈话效果。

2. 声东击西

其可以分为两个阶段。第一，"声东"阶段。在谈话中，审计人员要隐蔽主攻方面，从表面上与主要问题无关的情节谈起，向次要问题发起进攻，使被审计人产生错觉和思想麻痹，觉察不出审计人员的真实意图。第二，"击西"阶段。当被审计人的注意力已被转移，防御出现漏洞，审计人员便立即扭转锋芒，使被审计人猝不及防，当其觉察时，已无法挽回。

3. 四面出击

当被审计人想隐瞒问题、心理处于紧张状态、注意力无法集中时，审计人员应精心选择出击点，谈话提问转得突然，使被审计人猜想不到审计人员所针对的是哪个问题，顾此失彼，防不胜防。

(三) 促使被审计人形成一定观念的方法技巧

1. 连续使用证据

在谈话中，审计人员针对被审计人的一个或几个问题，选择一些直接或间接的证据，连续使用证据，使其内心产生一定压力，为其如实回答打开通道。

2. 揭露谎言

对于谎言，重点是要揭得准，掌握确实的证据，选择不同的时机，从整体上进行揭露，使被审计人形成"靠撒谎是不能混过去的，审计人员是不容易被欺骗的"的观念，把被审计人引导到如实回答问题上来。

3. 跳跃发问

当一些被审计人熟悉审计的谈话方法，知道将要问些什么内容、怎样发问等，审计人员可在常规的问话过程中，选取适当的时机，突然跳过其防线，直击其尚未防御的要害问题。

4. 引而不发

审计人员要传递一种信息，让被审计人明显地意识到审计人员已经掌握了问题，但又不清楚掌握了哪些问题，使他感到不回答又绕不过去，但又不知该回答哪一个问题，最后使他把问题全部说出来。

（四）影响思想情绪的方法技巧

1. 消除对立

对立情绪在被审计人员中比较普遍地存在着，原因主要是被审计人对审计检查不理解或审计人员执行政策有偏差等。要想消除对立情绪，首先要认真执行政策；其次要进行文明审计，说话要文明、语言要谦虚、平等待人；最后要注意方法技巧的综合运用。

2. 造成紧张

审计人员应在被审计人自满、缺乏防备的情况下，使其紧张起来，可以突然出示具有一定分量的证据，这种出乎意料的举动会很快造成被审计人的紧张，使得被审计人既搞不清哪些问题暴露了，也无法马上用编造的谎言欺骗审计人员。这样，被审计人自满和侥幸的心理必然有所收敛和转变，从而达到谈话目的。

3. 减轻压力

在谈话中，被审计人由于惧怕暴露问题，或矢口否认，或既不拒绝问话，又不进行回答。对于这种情况，审计人员应从被审计人愿意谈的话题谈起，使双方先实现心理上的接触，建立起共同谈话的基础，相互产生信任感，这样就会使谈话取得进展。

4. 提高谈话速度

其实质在于，一方面审计人员利用自己的主动地位，把主动权掌握在自己手中，利用事先准备好的一连串问题，不让被谈话人把编好的供词讲出来，及时打断笼而统之的答话，使其回答不偏离问话的实质内容；另一方面提高谈话速度，可使被审计人不可能深思熟虑、无暇周密考虑和拖延回答，减弱被审计人急于结束谈话的情绪，可取得明显效果。

5. 出其不意

对于那些事先已有准备的被审计人，审计人员骤然地提出一个与谈话内容毫无联系，而被审计人又意想不到的问题，会打乱被审计人编造和准备好的对答，为谈话顺利进行打开缺口。

四、问卷法

问卷法是以问卷形式向调查对象了解情况或征询意见的一种调查研究方法，它具有简便易行、成本低和客观真实等优点，在现代社会研究中得到普遍采用。在安全审计工作中采用问卷调查，应重点把握以下几个关键环节。

（一）调查问卷设计

问卷法是通过问卷来获取有用信息的。问卷设计得好坏直接关系到调查结果的有效性和可靠性。设计一份高质量的调查问卷应关注以下几个方面。

1. 问卷的基本结构

调查问卷一般包括标题、前言、被审计对象基本情况、问题和答案、填写说明及相关解释等几部分。标题是开宗明义地表达问卷目的和内容的主题。前言是审计人员致调查对象的一封短信，主要是说明调查目的、保密承诺以及向调查对象表示感谢等，作用是取得被调查者的信任与合作。前言也可不在问卷上表述，而由审计人员在实施调查时口头表述。被审计对象基本情况是对被审计人安全生产基本情况的简要介绍，作用是明确调查内容的范围。问题和答案是调查问卷的主体内容，是向调查对象提出的问题及供选择的答案。填写说明及相关解释用来指导调查对象如何填答问卷的各种解释和说明。

2. 问题内容的设计

由于安全审计中的一项重要内容就是对领导班子安全履职情况进行审计，因此，问题的设计应围绕安全审计的内容来确定。如：对照主要负责人安全生产责任清单，逐项调查其是否履行安全生产职责。

3. 问卷类型的选择

调查问卷有两种基本类型，即封闭式问卷和开放式问卷。封闭式问卷是将问题的主要答案，甚至一切可能的答案全部列出，调查对象只能从中选取一个或几个，而不能作其他回答。封闭式问卷的好处是标准化程度高，便于统计分析；缺点是不能发挥被调查者的自主性，获取的信息受到限制。开放式问卷则不提供任何答案，而是由调查对象自由作答。开放式问卷能充分发挥调查对象的主动性，有利于得到比较全面而详细的答案，甚至可能获得预料之外的有用信息；但开放式问卷标准化程度低，难以进行统计分析。在安全审计实践中，可根据调查目的和实际需要，将两种类型结合起来使用，在以结构式问卷为主的情况下，可适当加入少量开放式问题，以获得更好的效果。

4. 问卷设计应遵循的原则

在设计调查问卷时，应遵循以下几个基本原则：一是相关性。设计的问题与所审计的事项要紧密相关。二是必需性。设计的问题数量要恰当，既要保证调查任务能够完成，又不至于因问题过多而影响调查对象的耐心。三是严谨性。调查问卷要用词准确，避免使用模棱两可的词汇。四是礼貌性。提问的态度要诚恳，语气要友好，避免因言辞过激引起调查对象的反感。五是易答性。所设问题要易于回答，避免过繁过细，尽量避免使用专业性很强的术语或行话。

（二）调查对象选择

问卷法调查的结果源于调查对象对问卷的回答，因此，调查对象的选择对调查质量也有直接影响。选择调查对象主要涉及调查对象的确定和调查规模的确定两个问题，即选什么样的人和选多少人。

1. 调查对象的确定

选择调查对象的统计学方法有很多，如全面调查、随机抽样、判断抽样等。但是安全审计不同于一般的民意调查，其审计目的和审查内容有一定的特殊性，不能简单地采用随机抽样法，而是既要考虑代表性，又要兼顾相关性。所谓代表性就是要求所选人员能够代表所在单位或部门大多数群众的意见；而相关性则要求调查对象所从事的工作与问卷涉及的内容相关，以确保调查对象能够恰当地回答这些问题。要满足这两点要求，应采用判断抽样法，即审计人员根据专业判断，结合被审计单位的实际情况，从与问卷内容相关的单位或部门中选取一定数量的员工作为调查对象。在审计实践中，通常选择下列人员作为调查对象：被审计单位领导班子成员，安全生产管理机构负责人及有关人员，生产、技术、机电、通风、调度、地测、财务、经营等部门负责人，有关职工代表。

2. 调查规模的确定

调查规模的确定实际上是一个成本效益问题。如果抽样规模过小，调查结果的可信度会受到影响，审计风险就会增大；而抽样规模过大，又会加大审计成本，降低审计效率。在审计实践中，确定调查规模应综合考虑被审计人的职责范围、问卷内容等因素。确定调查规模的具体方法主要有根据统计学公式计算、查阅抽样规模确定表等，也可结合被审计单位的实际，根据审计人员的经验和专业判断来确定。统计学上把容量在30以上的样本称为大样本，因此，在安全审计工作中，问卷调查的样本量一般也不应低于30人。

（三）调查结果利用

在安全审计工作中，经统计分析后的调查结果可以在以下三个方面发挥重要作用：一是作为审前调查，了解被审计人的基本情况。通过问卷调查了解被审计人履行安全责任的总体情况及存在的不足，并据此确定审计重点，可以大大提高审计效率。二是弥补其他审计方法的不足，降低审计风险。由于受到审计范围、审计资料等多方面因素的限制，仅通过对被审计单位安全生产内业资料和现场的审计难以达到审计目标，而问卷调查则可以发挥群众监督的作用，发现这些问题或为进一步查证提供审计线索。三是作为专项审计调查，提高审计的质量和效用。对于调查中发现的某些普遍性和倾向性问题，可以形成专题审计调查报告，为公司领导决策和任用干部提供参考依据，对于调查中发现的违纪违规问题，可以向纪检监察等有关部门反映，使问题得到及时纠正和查处。

五、访谈法

访谈是指审计人员以口头方式，向被审计单位的特定对象了解、掌握安全生产相关信息，并对获得信息进行评价的过程。访谈是安全审计的一种重要方法，运用于审计的各个阶段。

访谈法一般按如下步骤实施：（1）确定访谈的目的；（2）收集、了解相关的背景资料；（3）确定访谈对象；（4）确定访谈要点、编制访谈提纲；（5）约定访谈时间、地点；（6）实施访谈并记录；（7）分析访谈记录、计划下一步审计计划。

在实务操作中，访谈法比较多地运用于审计实施阶段，根据被访谈对象，访谈可以分为第一层面的访谈、第二层面的访谈两个层面。

（一）第一层面的访谈

访谈目的：了解被审计单位历史沿革、组织结构、经营管理模式、安全生产管理理念、重大风险隐患、重大灾害治理情况以及对领导班子安全履职情况的评价等，为审计组合理评估审计风险、制定详细审计计划做准备。

访谈对象：被审计单位领导班子成员。

访谈时间、地点：第一层面访谈一般于审计组现场进点后第一时间开展，地点一般选择被审计单位独立的办公场所。

对高级管理人员的访谈，根据不同的访谈对象，访谈的侧重点也有所不同。主要分为对公司主要负责人的访谈、对公司领导班子其他成员的访谈。

（二）第二层面的访谈

访谈目的：了解部门的基本情况、业务或管理流程，了解部门安全管理情况，识别业务方面的相关风险，初步确定审计重点。

访谈对象：被审计单位业务或管理部门负责人。

访谈时间、地点：根据需要，第二层面的访谈可以与第一层面的访谈同时进行，也可以在之后安排，地点可以选择审计现场或被审计单位独立的办公场所。对业务或管理部门经理的访谈，根据部门的职能不同，访谈的内容存在差异。

第一层面访谈提纲：

（1）请谈谈你单位在学习习近平总书记关于安全生产重要论述方面是如何开展的，近期开展了哪些学习，本单位是如何结合实际贯彻落实的。

（2）习近平总书记提出"三个必须"，请回答具体内容。你是如何落实"三个必须"的？谈谈"三个必须"对促进工作的重要意义以及贯彻落实"三个必须"面临的困难。

（3）请谈谈你本人分管的工作有哪些，你本人的安全生产责任制包括哪些内容。结合职责，谈谈你本人是如何履职尽责的。

（4）请谈谈本单位存在哪些重大安全风险、哪些重大事故隐患，在重大安全风险防范化解、解决安全生产突出问题等方面主要做了哪些工作，取得了哪些成效，还存在哪些困难和问题。

（5）请谈谈新《安全生产法》、《中华人民共和国刑法修正案（十一）》［以下简称《刑法修正案（十一）》］修订的主要内容是什么，本单位是如何组织贯彻落实的。

（6）简要谈谈对做好煤矿安全生产工作的看法。

第二层面访谈提纲：

（1）请谈谈你部门在学习习近平总书记关于安全生产重要论述方面是如何开展的，近期开展了哪些学习，本部门是如何结合实际贯彻落实的。

（2）习近平总书记提出"三个必须"，请回答具体内容。结合分管工作内容，谈谈"三个必须"对促进工作的重要意义以及贯彻落实"三个必须"面临的困难。

（3）请谈谈你的岗位职责、分管业务范围，部门、本岗位安全生产责任制的主要内容是什么。结合职责，谈谈你本人是如何履职尽责的。

（4）请谈谈新《安全生产法》《刑法修正案（十一）》修订的主要内容是什么，本部门是如何组织贯彻落实的。

（5）近三年以来，分管领域是否发生过安全生产事故？谈谈本部门在吸取事故教训方面采取了哪些措施。

（6）谈谈做好安全生产工作的意见和建议。

（三）访谈技巧及注意事项

一是创造相互理解的交流环境。审计与被审计本身是一对矛盾，审计人员希望在访谈中发现问题或问题的线索，而被访谈对象不一定积极配合，为避免冲突，需要创造一种相互理解的氛围，尽可能调动被访谈对象的积极性，减轻对方的思想压力，寻求对方的理解和配合。

二是提出具有开放性、引导性的问题。在访谈过程中，引导被访谈对象详细介绍事项的背景和过程，尽可能获取更多的信息，避免提问如"你们是每月开展安全考核吗"之类的问题，因为此类问题的答案为"是"或者"不是"，而没有引导回答如何开展与安全考核相关的一系列问题。

三是在询问的问题中加入审计人员已知的信息。审计人员在访谈中加入已知的信息，可以提高被访谈对象诚实回答问题的程度，如果被访谈对象明显否认已知的答案，那么他有可能是不诚实的，也有可能是审计人员掌握的信息不充分，这就可以促进审计人员进一步掌握其他信息。

六、重新演示法

重新演示法指的是管理审计人员选择某个事项，要求被审计单位（人员）重新演示一遍，复核验证控制程序执行情况的一种方法。

重新演示前，管理审计人员应熟悉和掌握所演示事项的控制程序，演示应在不影响正常生产秩序的情况下开展，做好记录和取证工作。

七、穿行核查法

穿行核查法是管理审计人员通过追踪某个（某些）事项的计划、执行、检查和整改管理过程，查阅相关记录和报告，核查相关控制的执行和管理流程是否一致、执行是否到位的一种方法。

穿行核查常用于对重点审计事项的追踪和核查，可核查审计涉及多部门且过程复杂的事项，需事先制定合理的穿行路线，确保对审计事项的核查横向到边、纵向到底。

（一）正向穿行法

正向穿行是按照某个（某些）事项的计划、执行、检查和整改流程，有顺序地逐一穿行核查。

（二）反向穿行法

反向穿行是流程的逆行核查，从流程的最终环节开始，对流程的最终产出物或关联证据进行拆解回溯。也就是把最终产出成果逐项拆分，拆分后，按照流程进行回溯穿行，如：问题整改是否到位，检查过程是否符合要求，执行是否到位，计划是否存在不足，等等。

（三）截断穿行法

截断穿行法是将全流程截断成若干个阶段，可以依据流程的难易程度来截断，也可以依据现场环境来截断，亦可依据流程节点来截断。其截断的理由是可以分阶段去评估每个活动节点存在的安全管理问题。

八、审计抽样

（一）概念

鉴于审计资源短缺、无法开展详细审计等情况，需要开展审计抽样。《第2108号内部审计具体准则——审计抽样》规定，审计抽样是指内部审计人员在审计业务实施过程中，从被审查和评价的审计总体中抽取一定数量具有代表性的样本进行测试，以样本审查结果推断总体特征，并作出审计结论的一种审计方法。抽样技术是管理审计工作中的一种常用技术，审计的每个环节都要用到，管理审计人员应熟练掌握运用该技术。

上述概念包含几层意思：

（1）审计抽样是一种审计技术方法。

（2）审计抽样从被审查和评价的审计总体中通过专门的技术方法抽取一定数量具有代表性的样本，并对样本进行测试。

（3）审计抽样以样本审查结果推断总体特征。

（二）抽样原则

（1）总量明确。针对审计的项目或标准条款要求，首先应明确样本总量。

（2）样本有效。抽样应符合审计目的要求，所抽样本应是审计范围内的有效样本。

（3）方法适用。针对具体项目和问题，以确保样本有代表性为目标，管理审计人员可以采用随机抽样的方法选取样本；也可以运用专业判断，采用非随机抽样的方法选取样本，尽可能减小抽样风险。

（4）数量适当。要独立抽样，样本数量要符合抽样原理、均衡并有代表性，通常可接受的抽样风险越低，需要的样本量越大；但样本量越大，工作量越大，管理审计人员应按计划时间权衡样本数量。

（5）风险可接受。策划抽样时，应考虑抽样风险是否降低到可接受的水平。

（三）抽样方法

审计抽样通常采用随机抽样的方法。常用的随机抽样方法有简单随机抽样、系统抽样和分层抽样等。

1. 简单随机抽样

简单随机抽样是在样本容量相对不大、各样本基本相同时，对样本总体不进行任何处理，从中任意抽取已确定的 n 个样本对样本总体进行评价的方法，各样本被抽中的概率相等。

2. 系统抽样（等距抽样）

系统抽样是首先将样本总体按一定顺序进行编号，然后按照固定顺序和相等大空间距离和间隔，从中抽取样本的一种抽样方法。

3. 分层抽样（类型抽样或分类抽样）

分层抽样就是将样本总体中所有单位按某一标准划分层级（或分类、分组），然后在各组中再采取上述的简单随机抽样或系统抽样方式抽取样本。

在实施过程中，以上抽样方法经常交叉起来综合运用，比如，运用分层抽样时，若每层中个体数量仍很大，则可辅之系统抽样，系统中的每一均衡的部分又可采用简单随机抽样。

（四）抽样数量

对于抽样的具体数量，管理审计人员应结合现场实际情况，按抽样风险可接受原则，确定抽取样本数量。抽样数量可参照表2-1。

表2-1 抽样数量

序号	控制执行频率	控制发生次数	最低样本数量
1	1次/年	1次	1
2	1次/季	4次	2
3	1次/月	12次	3
4	1次/周	52次	5
5	1次/日	250次	20
6	每日数次	大于250次	30

第三章

煤矿安全审计流程

审计对象确定后，按煤矿安全审计流程组织开展工作。审计流程主要包括审计准备、审计实施、审计报告、审计后评估、审计归档等 5 个步骤，为保障审计质量，审计实施过程中应至少满足本章审计质量控制所列相关内容。

第一节　安全审计准备阶段

一、审计前调查

审计前调查宜采用网上搜集、资料调阅、现场调查等方式开展。调查内容应至少包括国家和审计对象所在地区政策法规和标准规范情况、审计对象企业经营和安全生产基本情况等。

（一）政策法规和标准规范情况

（1）搜集涉及煤矿的相关法律和国务院安委办（安全生产委员会办公室）、应急管理部、国家矿山安监局（安全监察局）、国资委（国有资产监督管理委员会）和地方政府及安全监管部门下发的文件。

（2）搜集应急管理部、国家矿山安监局主要负责人近两年内有关安全生产的重要讲话，审计对象所在省（自治区、直辖市）主要负责人和分管负责人、安全监管部门主要负责人近两年内有关安全生产的重要讲话。

（3）搜集审计对象本级和上级公司主要负责人和分管负责人近两年内有关安全生产的重要讲话，本级和上级公司安全生产 1 号文件和任务分工，本级和上级公司有关安全生产的重要文件。

（4）搜集涉及煤矿国家标准（GB）、行业标准（KA、AQ、MT），其他监管部门印发适用煤矿的相关标准，审计对象正在执行的所属集团内部标准、团体标准、企业标准等。

（二）企业经营和安全生产基本情况

（1）搜集全国近一年内煤矿安全生产死亡事故、审计对象所属集团煤矿安全生产重伤及以上事故、审计对象煤矿安全生产轻伤及以上事故情况。

（2）搜集审计对象隶属关系、历史沿革、经济性质、管理体制、机构设置、人员队伍、生产规模和盈利能力、安全生产标准化建设、主要装备和智能化建设、安全科技创新、煤层赋存和灾害类型、开拓开采方式、重大灾害治理等情况。

（3）搜集审计对象近两年内应急管理、安全监管监察、自然资源、生态环境、公安、工商、税务、质监等煤矿企业相关监管部门各类监督检查发现的问题及整改情况。

通过开展审计前调查，提前梳理完善审计涉及的标准规范，增强对审计对象事前了解的深度和广度，具备条件的可对审计对象进行"画像"，梳理审计重点，为制定审计方案奠定基础。

二、审计标准起草

（一）标准起草组

审计标准起草组由审计组织单位发起，起草组牵头人员应具备丰富的煤矿安全监管和技术能力。起草组成员至少应包括：起草组牵头人员1~2名、审计对象上级公司安全监管相关人员、煤矿行业专家、不少于2家与审计对象企业性质相同的煤矿企业安全监管人员若干。具备条件的应邀请其他行业具备审计经验的专家参与标准起草。

（二）基本要求

审计标准应突出煤矿安全生产行业特点，标准应结构清晰、内容全面，具有先进性、针对性和可操作性，并可实现量化考核。

（三）主要内容

依据审计前调查成果，分析研判审计对象安全生产高风险点、管理和技术薄弱环节，并作为审计重点。审计标准应明确审计项目、审计要点、审计方法、标准分值、评分方法、适用范围和问题重要程度等，高风险点和薄弱环节分值权重应适当增加。审计标准宜按照安全管理审计、技术审计两个板块标准同步起草，内容互补、相辅相成。审计标准应至少涵盖以下内容：

（1）习近平总书记关于安全生产重要论述，国家、省（自治区、直辖市）安全监管部门和审计对象本级和上级公司重要文件和会议要求相关内容。

（2）《煤矿重大事故隐患判定标准》《煤矿安全监管监察检查实施清单》《煤矿水害防治监管监察执法要点》《企业安全生产标准化基本规范》《煤矿安全生产标准化管理体系基本要求及评分方法（试行）》等国家层面安全监管要求及地方安全监管内容清单，审计对象本级或上级公司具有安全监管清单的，也应一并纳入。

（3）国家、地方和审计对象本级或上级公司本年度安全专项行动相关内容。

（四）标准执行

审计标准起草完成后，应及时报送审计对象上级公司组织审查，审查无误后，作为审计标准执行。审计对象上级公司也可委托第三方机构对审计标准组织评审或征求审计对象属地监管部门意见建议，提高审计标准编制质量。具备条件的可配套编制审计标准使用手册或执行说明。

三、审计方案制定

（一）方案编制

根据确定的审计对象、审计标准，预估每个审计单元工作量和总时长，统筹审计工作总体安排，制定审计方案。审计组织开展应尽量避开煤矿企业安全检查和接待高峰，尽量避开煤矿企业重大工程关键攻关期，尽量避开煤矿企业停产或无采掘头面时间段，力求不干扰煤矿企业正常生产。

审计方案应包含：审计目的、审计范围、审计内容及重点、工作组成员及职责划分、审计进度计划、技术要求、内部控制、保障措施、需被审计单位配合支持的事项等。

根据审计对象特点和审计重点确定工作组组长、副组长、成员专业范围和人员数量，组建工作组。工作组全部人员以不超过 20 人为宜。人员确定后，由审计工作组织单位进行审批。审计工作组应满足以下要求：

1. 审计工作组组长、副组长

审计工作组组长、副组长应了解一定宏观经济知识，应掌握一定能源和煤炭行业产运需现状，应熟知煤矿安全监管监察政策法规，应熟悉煤矿企业运行流程，应具备扎实的煤矿采掘（采剥）、机电运输（钻爆）、一通三防（采装运输）、地测防治水（排土）等多专业知识储备和丰富的煤矿现场检查和组织经验。审计过程中，具备系统分析审计对象薄弱环节、抛出疑问、引导工作组成员向纵深审计的能力。

2. 审计工作组成员

审计工作组成员抽调原则上应满足"五项回避"：年龄超过 65 周岁和存在基础疾病不能从事下井（坑）审计任务的要回避，与审计对象为同一煤矿企业集团的要回避，参加过审计对象相关审计培训业务的要回避，与审计对象有业务往来或经济利益的要回避，在审计对象企业有工作经历的要回避。审计工作组成员还应具备以下条件：

（1）扎实的专业知识和丰富的现场经验。

（2）严格服从审计工作组统一安排。组员诚实正直、实事求是，不因偏见、利益冲突影响审计判断，组内相互尊重，团结协作，保质保量按时完成工作任务。

（3）掌握安全管理、内部控制、审计技术方法等相关知识，具备一定的语言文字表达、问题分析、人际沟通能力，具备独立使用电脑和手机 App 审计软件的能力。

（4）审计过程中与审计对象有关人员平等交流沟通，取证有理有据，不乱发表意见，不乱下结论，不影响审计对象正常生产。遵守工作纪律，入井（坑）必须按要求正确穿戴和佩戴劳动及安全防护用品。

（5）保证审计对象提供的资料仅用于审计工作，不带走、不外传、不泄密，不向审计对象索取额外资料。

（6）严格贯彻落实中央八项规定和审计对象本级和上级公司廉洁制度要求，不接受审计对象或有关当事人的宴请和礼品，不参加与审计工作无关的任何活动。

（二）方案执行

审计方案编制完成后，应及时报送审计对象上级公司组织审查，审查无误后，确认执行，向审计对象发出审计通知（见表 3-1）。

表 3-1　安全审计通知

关于开展安全审计的通知

×××单位：

　　根据工作安排，拟于××年×月×日开始对你单位开展安全审计工作，相关事宜通知如下：

　　一、审计目的和重点审计事项

　　二、审计组

　　组长：

　　副组长：

　　成员：

　　三、审计范围

　　四、需要你单位配合的事项

　　（一）以通知或公告等形式，向全体员工公布且广泛宣传安全审计工作组对你单位开展审计的信息，公开工作组的办公电话及专用邮箱。

　　（二）成立配合审计工作机构，明确配合审计工作的总协调人1人，负责与工作组的总体协调；安排联络员1~2人，配合工作组现场审计工作。

　　（三）为工作组提供办公场所以及必要的来往交通工具，提供必要的网络、电话、打印机、纸笔等办公设备和用品。

　　（四）做好本单位安全管理工作的有关汇报、资料提供以及人员访谈等配合工作。

　　五、审计时间

　　××年×月×日至×月×日。

　　六、工作组联系人

被审计单位上级公司

××年×月×日

四、审计人员培训

　　审计工作组确定后，审计组织单位要按任务分工将审计标准及时分发给审计工作组有关成员，工作组成员要及时消化理解审计标准内容，对理解不足和有疑问内容要做好记录。

　　审计人员培训优先采用线下集中培训方式；不具备条件的，也可采用线上培训。采用线上培训的，审计组织单位应制定保障措施，确保线上培训质量。审计人员培训授课教师为审计工作组组长、副组长，课程由授课教师依据审计特点和难度自行设计。培训内容应至少包含：审计对象基本情况、审计前调查成果、审计标准使用、审计方法和审计流程、廉政保密等工作纪律和有关规章制度。要结合审计对象生产经营和开采技术特点，组织开展审计模拟推演和答疑课程，针对审计过程中可能遇到的各种问题超前谋划。

审计培训结束后，工作组组长应通过访谈交流、业务能力观察、考试等方式，对审计工作组成员逐人次作出判断，对不能胜任审计工作的相关人员，应及时更换调整。

第二节　安全审计实施阶段

审计工作组集合完成，进驻审计对象单位前，审计工作组组长应组织审计成员，逐人签署独立性、保密性和廉政声明（表3-2），组织向工作组成员发放防爆手机，防爆手机由审计组织单位购买，审计结束后统一收回。审计成员应再次确认携带的笔记本电脑和有关工作用设备完好。

表3-2　审计人员声明

审计人员声明

本人在接受×××公司安全审计任务时，已经完全熟悉开展审计工作中的独立性和保密性要求，现做如下声明：

一、恪守独立、客观、公正的原则。

二、如与安全审计存在可能损害独立性的利害关系，立即向所在工作组声明，并实行回避。

三、实事求是，不为他人所左右，不因个人好恶影响分析、判断和客观性，正直、诚实、不偏不倚地对待有关利益各方。

四、奉公守法，廉洁自律，不接受被审计单位或有关当事人的宴请和礼品，不参加任何娱乐活动。

五、严格执行保密要求，保证被审计单位提供的资料仅用于审计工作，不带走、不外传、不泄密，不向审计单位索取额外资料，同时警惕非故意泄密的可能性。

特此声明。

声明人：

××年×月×日

一、审计启动会

审计工作组进驻被审计单位后，召开审计工作启动会。审计工作组应充分利用启动会契机，进一步了解被审计单位情况，进一步分析薄弱环节、发现审计线索。

（一）会议议程

（1）审计工作组组长说明来意，介绍上级公司参会人员和审计工作组成员及任务分工。

（2）被审计单位介绍本单位参会人员，被审计单位主要负责人签署并宣读被审计单位承诺（表3-3）。

表3-3　被审计单位承诺

被审计单位承诺
我单位郑重承诺：在此次安全审计中，保证提供给工作组的资料真实，反映的情况真实，现场运行真实，如有虚假、编造、隐匿等问题，愿承担由此引起的全部责任。   　　　　　　　　　　　　　　　　　　　　承诺单位负责人（签字）： 　　　　　　　　　　　　　　　　　　　　承诺单位（盖章）： 　　　　　　　　　　　　　　　　　　　　××年×月×日

（3）被审计单位汇报本单位基本情况和安全管理工作现状。

（4）审计工作组针对汇报情况进行问询，被审计单位应做好记录，会后将审计工作组要求补充说明的内容修改完善，报审计工作组组长确认无误后，由审计工作组存档；被审计单位为井工煤矿的，还应至少准备最新签字盖章的采掘工程平面图、通风系统图和井上下对照图；露天煤矿应至少准备签字盖章的采剥、排土工程平面图，运输系统图，交由审计工作组存档；被审计单位为煤矿上级公司的，由审计工作组依据实际情况留档相关资料。

（5）审计工作组组长告知被审计单位配合事项，提出工作要求、注意事项和审计日程安排；公布被审计单位上级公司廉政举报电话，并在显著位置公布，接受被审计单位全员监督；向被审计单位负责人发放审计调查问卷（表3-4），简要说明如何填写，审计结束后，由被审计单位通过电子邮箱反馈至被审计单位上级公司有关部门。

被审计单位配合事项可参照以下方面：

表 3-4 审计单位调查问卷

审计单位调查问卷

为保证安全审计工作公平、公正，组织开展，希望你单位认真填写调查问卷，你们的回答我们将严格保密，非常感谢您的支持！

1. 现场审计工作组是否公布举报电话

□是　　□否

（若是，请将印证现场张贴的照片随同此调查问卷一同反馈）

2. 审计工作组人员工作态度是否蛮横、不讲道理

□是　　□否

（若是，请说明情况，并指出具体人员姓名）

3. 审计工作组人员工作是否认真负责

□是　　□否

（若否，请说明情况，并指出具体人员姓名）

4. 审计工作组人员是否索取报酬（专家费）、礼品、土特产品

□是　　□否

（若是，请指出具体人员姓名）

5. 审计工作组人员是否有开展项目洽谈、产品推销、争取赞助等与审计工作无关的活动

□是　　□否

（若是，请指出具体人员姓名）

6. 审计工作组人员工作期间是否饮酒

□是　　□否

（若是，请指出具体人员姓名）

7. 其他需要反映的问题

（可另附页）

（请将调查问卷填写完毕后，反馈至审计单位上级公司有关部门。上级公司联系人及电话：×××，×××-××××××××；传真：××××-××××××××；电子邮箱：×××@×××.com。）

① 为工作组提供集中办公场所，提供必要的网络、打印机、纸张、签字笔等办公设备和用品。提前备好检测粉尘、噪声、瓦斯、一氧化碳、温度、风速等仪器仪表。

② 做好员工思想调动，要求员工积极配合，在不影响正常生产秩序的情况下，按要求及时提供资料，积极配合审计工作。

③ 工作开展期间，与审计工作有关的中层及以上干部应在岗配合审计工作，特殊情况需离开的，需报请审计工作组同意并履行请假手续。

④ 做好对接工作，统筹安排好井（坑）上、下陪同审计人员，并提供相应的劳动及安全防护用品。

⑤ 被审计单位应于审计完成后 30 个工作日内，对发现问题整改完成情况进行汇总，形成正式报告后报审计工作的组织单位。

（6）被审计单位主要负责人和分管负责人民主测评。民主测评事项由审计工作组依据审计前调查成果，结合被审计单位特点设计，内容应涵盖被审计单位领导班子德、能、勤、绩、廉等。测评采用手机微信无记名方式，被审计单位参会人员全员扫码填写，审计工作组及被审计单位上级公司无须填写。审计工作组有关人员会上简要说明如何扫码操作。

（7）被审计单位负责人表态发言。

（8）被审计单位上级公司有关人员就审计工作提出要求。

（二）参会人员

（1）审计工作组全体人员。

（2）被审计单位上级公司有关人员。

（3）被审计单位主要负责人、分管负责人、各职能部门负责人、业务部门负责人及不少于 5 名员工代表，员工代表年龄结构应相对分散，代表选取应至少覆盖特种作业人员、承包商人员、一线生产人员、辅助生产人员、地面后勤人员。

（三）会议主持人

审计工作组组长。

（四）会议记录

审计工作组应安排人员做好会议记录和签到。

二、审计发现

（一）现场审查任务安排

审计启动会结束后，被审计单位相关专业人员按照任务分工主动对接审计工作组成员，并将其带至工作地点开始审计工作。审计工作组组长、副组长要结合启动会汇报和问询情况，详细分析被审计单位薄弱环节和风险点，指出审计重点和疑点，引导审计工作组成员向纵深审计。审计工作组组长应和审计组成员充分沟通，详细了解各成员掌握的信息，统筹安排各成员井（坑）下作业现场审计任务。

审计工作组组长是现场执行审计工作任务的第一责任人，对审计工作质量把控至关重要，要用系统思维、问题导向，将怀疑和不合理转化为审计线索和审查重点方向。以井工煤矿为例，审计工作组组长在分配现场审查任务前，应借鉴以下思路扩展分析。

1. 启动会听取汇报审计思路分析

（1）煤矿历史沿革。思路扩展到是否为资源整合煤矿，煤矿境界内勘探程度能否达到要求、积水积气情况是否查明等。

（2）煤矿四邻关系。思路扩展到井田范围内是否存在其他矿权，是否存在"楼上楼"开采，是否有超层越界，是否受周边煤矿火区或积水威胁，周边煤矿距井田 200 米范围内积水是否查清等。

（3）机构和人员设置。思路扩展到是否存在为响应上级公司减人要求或招生招工困难等原因造成机构和人员配置不全的情况，是否存在人员整体学历不高、年龄偏大、取证困难造成无证上岗等情况。

（4）生产组织和劳动组织。思路扩展到是否为正规三八制或四六制，由此带来的检修班和生产班交叉作业。实际采掘和准备队与汇报材料是否吻合，是否有未安排工作的队组；若存在，是否隐瞒作业头面。巷道变形和巷修工程是否很大，与煤矿设备和正常定员工作量是否匹配。若差距很大，是否存在掘进巷修外包或掘进巷修劳务用工等。

（5）煤层及开采技术条件。思路扩展到生产布局和生产接续是否满足要求，系统巷道布置能否满足要求，特别是冲击地压、煤与瓦斯突出、高瓦斯、容易自燃、复杂及以上水害和煤层群开采应重点关注；水害、火灾、瓦斯、冲击地压等灾害治理工艺和方法是否得当，能否满足要求；各类安全煤柱和防隔水煤柱留设是否计算合理、是否遭到破坏等。

（6）采掘头面与生产能力。思路扩展到煤层条件、装备情况与矿井规模是否匹配，是否存在严重的"大马拉小车"或"小马拉大车"情况。"大马拉小车"容易超能力生产，"小马拉大车"容易超强度生产。井下是否有大量的停掘不停风掘进面、正常掘进速度缓慢，有可能在审计未入驻期间，为满足"三量"平衡，超头面个数掘进。是否存在煤层赋存和装备配置优越的配采工作面，容易同时生产超能力或超批准采煤工作面个数等。

（7）主要生产系统。提升运输系统：思路扩展到井下矸石量大、巷修多，且矸石需经副井提升系统的老旧煤矿，是否提升系统能力满足要求，保护是否健全。供电系统：思路扩展到未经供电系统升级改造即产能核增，重点关注核增能力较大的各级供电线路，变压器容量是否满足要求。通风系统：思路扩展到井下用风量大、在籍巷道长、井筒断面小、风机使用年限长的煤矿，主要通风机能力是否满足要求，井筒和巷道过风能力是否满足要求。排水系统、安全监控系统是否符合要求等。

（8）煤矿安全管理。安全投入、安全生产责任制、安全考核是否严格有效；安全管理建章立制是否及时规范等。

…………

2. 现场查看资料审计思路分析

审计工作组组长应在启动会听取汇报和问询的基础上，再次详细查看采掘工程平面图、井上下对照图、通风系统图、安全监控布置图、煤层充水性图、矿井供电系统图等相关图纸；隐蔽致灾因素普查报告，防治水三区划分报告，防灭火、防突、防冲、防治水专项设计，生产能力核定报告等相关报告；胶轮车、矿车、胶带使用台账，入井电缆型号、规格、使用地点台账等相关台账，甄别启动会怀疑和认为不合理相关内容，带着疑问分配地面和入井审查任务，逐项审查验证。

（二）审计方法

针对被审计单位特点，审计工作组可根据实际情况选择多种审计方法。常用的审计方法有询问法、访谈法、观察法、重新演示法、审阅法、审计抽样、穿行核查法、问卷法等。在审计过程中，应灵活使用多种审计方法，紧扣煤矿企业特点，在学习贯彻习近平总书记关于安全生产重要论述、树牢安全发展理念、落实企业主体责任、重大灾害治理等方面重点关注，在主要负责人、技术负责人、分管负责人依法履职和安全生产工作关键环节落实方面进行相互印证，重点审计。

1. 民主测评（询问法）

按照设计好的测评项目开展民主测评，测评采用无记名方式，优化记分方式，去掉最高和最低分数，科学分析，从中发现职能科室和员工反应差、能力不足、不履职、不尽责的有关领导班子成员。测评项目应留设意见建议栏，对测评对象反映的意见建议应重点关注，作为重要线索，延伸审计。

2. 个别了解（访谈法）

审计工作组应安排专门成员负责访谈工作，重点访谈领导班子成员、职能科室和区队主要负责人，访谈内容至少包含习近平总书记关于安全生产重要论述、安全发展理念相关文字内容和如何在本单位落地，《安全生产法》《刑法修正案（十一）》关于安全生产重要内容，结合自身安全生产职责内容和单位实际如何落实"三管三必须"等内容，侧面考察中层及以上安全管理人员安全管理知识储备，从中发现审计项目关键工作内容、具体工作要求、重要工作流程落实过程中存在的违法违规行为和安全隐患。技术管理人员访谈内容，必须包含被审计单位生产布局和生产接续、重大灾害治理及与被访谈人相关的生产系统有关内容，从中发现审计线索。访谈时，除负责记录的工作人员外，访谈人应与访谈对象单独进行，访谈期间要注重谈话方式和技巧。

3. 直观检查（观察法）

审计技术、管理等资料，如音频视频资料、监测检测数据资料、设备状态监测资料、作业人员资料，深入作业现场，查看安全设施、各生产系统等，关注其正确性、合法性、合规性，从中发现违法违规行为和安全隐患。围绕关键流程、关键环节、重要节点、效果指标（主要是水害、火灾、瓦斯、冲击地压等灾害的相关指标）进行审计。在审计过程中，应注意各环节和要素之间的关联、对应、闭合关系。

4. 现场试验（观察法）

按照规定的方法对有关设备、设施和安全仪器仪表等进行试验，查看其功能是否符合规定。

5. 操作检查（观察法）

由现场作业人员对所从事的工作进行实际操作，查看操作过程、主要环节是否符合规定。

6. 现场实测（重新演示法）

按照规定的方法，使用仪器仪表现场实测，检测有关参数，并将现场相关实时监测的数据与被审计单位提供的数据进行比对、核对，核查误差是否超过规定。

7. 计算复核（审阅法）

按照规定的方法对有关可疑数据的准确性重新计算复核，校核选取的参数是否合理。没有具体规定的，参照专业通用方法。

8. 抽样检测（试验鉴定法）

根据需要，可按照规定的方法对设备、材料等进行抽样，委托具备资质的有关机构进行检测、检验，判定设备、材料等是否符合规定。

9. 核对查看（穿行核查法）

一些落实环节多、时间长、范围广而难以全覆盖审计的项目，如重大灾害治理、企业主体责任落实等，应当关注其关键环节的一项或者多项进行核对查看，对照相关规定与落实情况进行相互比较、追根溯源，以核对其是否符合要求。核对查看过程中可借助、可利用人员定位监测、安全监控、作业场所视频监控、生产调度等信息化系统的历史和实时信息进行核对。

10. 现场考试（问卷法）

对有关领导班子成员、一般安全管理人员、一线作业人员等安全生产职责内容和岗位应知应会知识和能力等进行考试。试题由审计工作组拟定，内容应符合岗位职责实际，要突出被审计单位特点和重点。

…………

（三）证据收集

（1）审计人员应将获取的审计证据名称、内容、时间、来源等完整、清晰地记录于工作底稿中。工作底稿模板见表3-5，确认单模板见表3-6，访谈记录模板见表3-7。

表3-5　审计工作底稿

项目名称			
审计事项			
审计人员		编制日期	
审计过程：			
审计认定的事实摘要及审计结论：			

表3-5(续)

审计问题原因调查（若有）：				
审计问题责任界定：（涉及多个责任主体或责任人可自行续行）				
责任主体		责任类型		
责任主体		责任类型		
审计建议：				
小组审核意见：				
审核人员		审核日期		

表3-6 审计确认单

项目名称		
被审计部门或个人		
确认事项		
确认事项摘要		
审计人员		编制日期

表3-6(续)

项目名称				
确认部门（或个人意见）				
	签字		日期	

表 3-7　审计访谈记录

访谈主题	
访谈对象	
访谈人员	
访谈时间	
访谈地点	
访谈主要过程记录：	
访谈总结：	

访谈对象签名		访谈日期	

（2）采用委托有关机构进行检测、检验，判定设备、材料等是否符合规定的，应将鉴定结论作为证据。

（3）审计工作组获取的证据应由证据提供单位（者）盖章或者签名；对于被审计单位有异议的审计证据，审计人员应当进一步核实。

（4）审计人员应当对获取的审计证据进行分类、筛选和汇总，保证审计证据的相关性、可靠性和充分性。

（四）问题确认

（1）审计人员对收集到的证据进行分类，去粗取精、去伪存真，对发现的线索追根溯源，逐环节、逐层级分析、核对，评价其与国家及地区有关法律法规、标准、规范和被审计单位本级及上级公司相关制度规定的符合性，确认存在的问题。

（2）审计人员对证据不够充分、翔实、可靠的问题，需进一步核查、补充收集相关证据。

（五）问题原因分析、责任认定及整改建议

1. 审计问题原因分析

审计人员针对审计发现的问题，从安全管理、技术管理、组织保障等多角度进行原因分析，坚持"逐级向上"分析，直至无责层级为止。最终得出是哪个层级（如被审计单位上级公司级、被审计单位本级、煤矿级、职能科室和区队级、作业人员级等）、是什么原因（如制度建设、专业能力、机构及人员配置、装备水平等）导致问题出现。原因分析思路可参考如下示例。

示例问题：某煤矿通风系统图未以采掘工程平面图为底图绘制，且经纬坐标标注错误，不符合图纸制作规范要求。

原因分析：

（1）煤矿领导班子层级是否牵头制定了关于图纸绘制、审批、发放、回收和销毁的相关制度。（主要负责人层级）

（2）煤矿主要负责人和分管负责人组织的隐患排查是否全面，是否包含图纸内业资料相关内容，是否排查出此项问题，是否督促整改。（主要负责人及分管负责人层级）

（3）抽考制图人、审核、签发人专业知识能力，是否具备相关的制图和审核专业技术能力。（职能科室层级、作业人员层级）

（4）追溯安全生产责任制考核清单内容是否考核落实。（安全监管部门层级）

…………

2. 审计问题责任认定

审计人员针对审计发现的问题，按照被审计单位的责任分工，分析、认定直接责任、管理责任、监管责任、领导责任。

3. 审计问题整改建议

审计人员针对审计发现的问题提出相应的整改建议，每条审计问题均应对应相应的整改建议，审计工作组成员应按照审计标准中审计项目类型划分，结合自身审计任务分配，每个项目类型给出整体的整改建议。

三、问题汇总与沟通

（一）问题拟汇总

审计发现的原始问题由审计工作组成员通过加密电子邮箱、移动存储介质拷贝等方式交由审计工作组相关人员统一汇总，其间，应避免审计发现问题泄露和流出。

（二）审计自评价

审计工作组组长组织有关人员，执行必要的分析程序与内部讨论，对汇总后的审计原始问题真实性、可靠性、适当性、充分性开展自评价，对审计整体工作成效和项目完成情况开展自评价，判断审计工作是否将未发现的重大或较大问题存在的可能性控制在审计工作组可以接受的范围以内；必要时，可开展补充审计及完善相关证据。审计自评价为定性评价。

（三）问题正式汇总

（1）审计自评价通过后，审计工作组应组织有关人员对审计发现问题产生的原因、责任认定和整改建议逐条进行审核。

（2）审计工作组对认定的问题按照其性质和影响程度进行划分，可分为重大问题、较大问题和一般问题三类。

重大问题是指符合《煤矿重大事故隐患判定标准》《露天煤矿重大事故隐患情形》《煤矿重大事故隐患判定标准补充情形》及省、市地方煤矿安全监管部门和被审计单位上级公司认定的重大事故隐患范畴的；虽不构成重大事故隐患，但存在违法行为的、诱发群死群伤风险很大的，或被审计单位本级整改存在难度，需要上级公司协调推动的问题。

较大问题是指尚未构成重大事故隐患，但诱发较大及以下人身伤害事故风险很大，且整改需要一定时限的问题。

一般问题是指除重大问题、较大问题之外的其他问题。

（3）审计工作组按照重大问题、较大问题、一般问题等优先整改排序，对审计发现的问题进行统计汇总。

（四）审计结果沟通

审计工作组就审计发现的问题、责任认定、整改建议等内容与被审计单位进行沟通，并详细记录。当审计发现的问题不被审计单位认同，审计工作组经组内讨论确认无误后，报请被审计单位上级公司裁定，以上级公司裁定结论为最终结论。

四、审计通报会

审计结果沟通完成后，召开审计工作通报会。

（一）会议议程

（1）审计工作组组长介绍上级公司参会人员和审计工作组成员及任务分工（如人员同启动会一致，可省去此环节）。

（2）被审计单位介绍本单位参会人员（如人员同启动会一致，可省去此环节）。

（3）审计工作组成员按照审计工作组组长点名次序依次通报审计发现的问题。审计问题通报应声音洪亮、吐字清晰。问题通报应按照："我通报××审计项目问题×条，建议×条。1、2、3、…，本项目审计最终得分×分，通报完毕。"模式通报。

（4）问题全部通报完毕后，审计工作组组长应询问参会人员是否还有疑义；确认无疑义后，被审计单位负责人表态发言。

（5）被审计单位上级公司有关人员对被审计单位提出工作要求。

（6）审计工作组组长总结发言，宣布审计结束。

（二）参会人员

审计通报会参会人员应与启动会参会人员一致，确需调整的，应至少满足下述要求：

（1）审计工作组全体人员。

（2）被审计单位上级公司有关人员。

（3）被审计单位主要负责人、分管负责人、各职能部门负责人、业务部门负责人及不少于5名员工代表，员工代表年龄结构应相对分散，代表选取应至少覆盖特种作业人员、承包商人员、一线生产人员、辅助生产人员、地面后勤人员。

（三）会议主持人

审计工作组组长。

（四）会议记录

审计工作组应安排人员做好会议记录和签到。

第三节　安全审计报告阶段

一、审计报告编制基本要求

审计实施阶段工作完成后，审计工作组应在 20 个工作日内撰写完成书面审计报告。审计报告编制应至少满足以下要求：

（1）实事求是地反映被审计单位审计事项，不歪曲事实真相，不遗漏、不隐瞒审计发现的问题；不偏不倚地评价被审计事项，客观公正地发表审计意见。

（2）要素齐全，行文格式规范，完整反映审计中发现的所有问题。

（3）逻辑清晰、脉络贯通，主次分明、重点突出，用词准确、简洁明了、易于理解。也可以适当运用图表描述事实、归类问题、分析原因，更直观地传递审计信息。

（4）针对被审计单位安全生产中存在的重大和主要问题，深入分析原因，提出可行的改进意见和建议；或者针对审计发现问题之外的其他情形提出完善提高的建议，推动被审计单位实现更高安全目标。

二、审计报告要素和内容

审计报告主要包括标题、收件人、正文、审计工作组名称及工作组组长签名、报告日期等。

1. 标题

审计报告标题应至少包含被审计单位名称和审计事项。

2. 收件人

审计报告接收人由被审计单位上级公司有关部门确定，一般包括被审计单位、被审计单位上级公司有关部门、其他认为需要的有关单位或人员。

3. 正文

审计报告正文主要包括审计概况、审计依据、审计发现、审计建议、附件等。

（1）审计概况。它是对审计项目总体情况的介绍和说明，应至少包括审计立项依据、被审计对象基本情况、审计内容和重点等。审计立项依据应说明审计项目的来源，如有必要，可进一步说明选择审计项目的目的和理由；被审计对象基本情况应包含被审计单位的隶属关系、历史沿革、经济性质、管理体制、机构设置、人员队伍、生产规模等情况，与审计项目相关的安全管理和生产技术条件，以及以往接受安全审计及其他安全监督检查和事故情况；审计内容和重点应当对审计的主要内容、重点、难点作出必要的说明，并适当说明针对这些方面采取了何种措施及其产生的效果。

（2）审计依据。它应说明实施审计所依据的相关法律法规、标准规范，以及企业文件标准和内部规章制度等规定。如存在未遵循审计依据的情形，应当在审计报告中作出解释和说明。

（3）审计发现。它主要包括审计发现的问题、问题原因分析和责任认定、问题等级等。审计发现的问题是被审计单位违反安全生产相关法律、法规、标准规范和制度规定的具体行为；问题原因分析和责任认定是针对审计发现的问题，分析导致其产生的管理原因和技术原因、内部原因和外部原因等，认定直接责任、管理责任、监管责任、领导责任等；问题等级是审计组针对发现问题分析可能造成的后果或影响，评估问题等级，按照重大问题、较大问题、一般问题将问题归类。

（4）审计建议。它是针对审计单位暴露出的问题，以及其他需要进一步完善提高的事项，在分析原因和影响的基础上，提出的整改建议。

（5）附件。它是对审计报告正文进行补充说明的图表、纪要、文字和数据等支撑性材料，以及需要提供解释和说明的其他内容。

4. 审计工作组名称及工作组组长签名

5. 报告日期

该日期为审计报告的成稿日期。

三、审计报告撰写与审定

1. 审计报告的撰写

审计报告由审计工作组组长或组长指定的人员撰写。

2. 向被审计单位征求意见

审计报告编制完成后，为保证审计结果的客观、公正，取得被审计单位的理解和认同，审计工作组应就审计报告（征求意见稿）与被审计单位进行必要的交流与沟通，按规定向被审计单位征求反馈意见，具体流程及要求如下：

（1）审计工作组向被审计单位发送审计报告征求意见书和审计报告（征求意见稿），要求被审计单位在审计报告征求意见书、送达回证上签字；电子流程流转的，以通过流程为准。

（2）被审计单位对审计报告内容的真实性、准确性、完整性及审计发现进行确认，并在报告送达的 3 个工作日内提交反馈意见。

（3）审计工作组对存有异议的事项进行核对查实。

（4）被审计单位对审计修改的问题再次确认。

3. 审计报告的复核

被审计单位上级公司应建立健全审计报告的分级复核制度，明确审计报告的复核主体、复核层级、复核重点、复核要求和复核责任。审计报告应重点复核以下内容：

（1）是否按照审计方案确定的审计范围和审计目的实施审计。

（2）与审计事项有关的事实是否清楚、数据是否准确。

（3）审计发现问题的原因分析、责任认定、整改建议是否恰当，适用的法律法规和标准是否准确，所依据的审计证据是否相关、可靠和充分。

（4）审计发现的重大和较大问题是否在审计报告中反映。

（5）审计建议是否具有针对性、建设性和可操作性。

（6）被审计单位反馈的合理意见是否被采纳。

（7）其他需要复核的事项。

审计工作组应根据审计报告复核意见，再次修改完善审计报告。

4. 审计报告的审定、批准

审计报告再次修改完善后，交由被审计单位上级公司有关部门负责人进行审定。对审计报告仍有疑问和不足的，可退回审计工作组再次修改、补充完善；无疑问和不足的，被审计单位上级公司有关部门负责人批准审计报告。

四、审计报告提交与送达

审计报告经批准后，应以被审计单位上级公司名义送达被审计单位，并报送被审计单位上级公司管理层，根据实际情况，必要时可以抄送其他相关单位。

第四节 安全审计后评估

根据被审计单位提交的问题整改情况报告，被审计单位上级公司可根据实际情况派出审计后评估工作组，对审计发现问题整改落实情况进行现场复核。

一、后评估内容

（1）审计发现问题的整改落实情况。

（2）新发现的问题。

二、后评估程序

1. 召开后评估工作启动会（参照审计启动会）

2. 实施后评估工作

（1）审阅被审计单位审计报告中所列问题的整改完成情况。

（2）对审计报告中重大问题逐项审计，对较大问题、一般问题抽样进行审计，以评价被审计单位所采取整改措施的完整性、效果性和实效性。

（3）编制审计后评估报告。后评估报告的主要内容应包括：分析、评价原审计报告所列问题的落实整改情况；对审计后评估中发现的重犯或新犯问题予以提出，对漏评、错评情况进行纠正；提出审计后评估的结论和建议。

3. 召开后评估工作通报会（参照审计通报会）

第五节 安全审计归档

审计档案是对被审计单位安全审计的原始记录，是重要的信息资源，应按照有关规定立卷归档。立卷归档的文件应包括：综合类工作底稿、审计前工作底稿、审计阶段工作底稿、后评估阶段工作底稿等。

一、综合类工作底稿

通知文件、被审计单位汇报材料及图纸资料、审计报告。

二、审计前工作底稿

工作组人员审批表、管理审计人员声明、管理审计人员廉政承诺、被审计单位承诺书、审计方案等。

三、审计阶段工作底稿

审计启动会（通报会）会议记录和签到表、民主测评记录、访谈记录、工作底稿、确认单、鉴定报告、审计调查问卷、与被审计单位沟通记录、反馈意见处理表等。

四、后评估阶段工作底稿

审计后评估启动会（通报会）会议记录和签到表、原审计发现问题整改报告、原审计发现问题整改核对记录、原审计工作漏评和错评纠正记录、审计后评估新发现问题记录、审计后评估结论和意见等。

第六节　安全审计质量控制

审计组织单位和审计工作组对审计工作进行质量管控。审计组织单位对部分重要流程进行质量管控，审计工作组对审计全流程进行质量管控。

一、审计质量管控基本要求

审计质量管控应满足以下基本要求：

（1）审计活动应遵循本章节所叙审计程序。

（2）审计活动的质量和效果达到审计方案的要求。

（3）审计报告能真实反映被审计单位安全管理现状，找出被审计单位安全管理和技术存在的突出问题和薄弱环节，提出合理化建议。

二、审计组织单位质量管控

审计组织单位质量管控应重点关注以下内容：

（1）审计人员是否符合本章节对人员品德、廉政和业务知识能力等方面的要求。

（2）审计方案是否全面可行。

（3）审计流程是否符合本章节相关规定。

（4）审计发现问题是否准确，能否真实反映被审计单位管理现状。

（5）审计证据是否充分确凿，证据链是否完善。

（6）审计建议是否合理可行。

（7）立卷归档资料是否齐全完整。

三、审计工作组质量管控

审计工作组质量管控应重点关注以下内容：

（1）审计人员培训是否到位，审计过程是否标准一致、尺度统一。

（2）审计前调查是否做到调查全面、精准聚焦、重点突出。

（3）审计方案是否全面可行。

（4）审计流程是否符合本章节相关规定。

（5）审计发现问题是否准确，能否真实反映被审计单位管理现状。

（6）审计证据是否充分确凿，证据链是否完善。

（7）审计建议是否合理可行。

（8）立卷归档资料是否齐全完整。

第四章

煤矿安全审计评价及结果运用

第一节　安全审计评价

一、评价内容

安全审计评价是审计部门对煤矿安全管理水平进行的综合评价，对煤矿安全管理水平作出客观、准确、公正的评价是煤矿安全审计的关键。科学的安全审计评价可以引导企业规范安全行为、促进企业加强安全基础管理，提高安全管理水平。

安全审计评价应当与审计内容相统一，安全审计评价应当有充分的审计证据支持，对审计中未涉及、审计证据不充分或不适当的事项不予评价。

二、评价原则

安全审计评价是审计报告的重要组成部分。在实际操作中针对具体问题，需要把握评价的"度"，否则就会出现评价不当以及不切合实际的评价现象，应引起高度重视。安全审计评价应当"五要""五忌"。

（一）要进行客观公正的评价，切忌华而不实的描述

客观性是安全审计评价必须遵守的重要原则，评价必须以审计核实的事实为依据，客观评价煤矿安全管理水平。应公正地分析主观、客观因素对煤矿安全生产工作的影响，既不能过高吹捧，亦不可过分贬低，要以法律为准绳，实事求是地进行评价，定量分析要有真实数据支持，定性分析要有适用法规支撑。不应带有主观色彩和个人好恶成分，使评价能够公正和公平。

（二）要进行全面、具体的评价，切忌片面和偏重

安全审计评价内容应涉及煤矿安全生产的方方面面，做到成绩说够、问题

讲透，既不能多评，也不能漏评。安全审计评价的内容应当与审计内容相对应，对煤矿安全管理体系运行情况和现场各项安全技术措施的执行情况进行全面评价。安全审计评价要有系统性，不能过于抽象、笼统，也不要偏重某一方面。

（三）要从审计角度进行评价，切忌"超职能"发挥

必须做到"三不评"，即对超越审计职责范围的事项不评；证据不足、评价依据或标准不明确的事项不评；审计中未涉及的事项不评。不能把与安全无关的业绩和与安全责任无关的责任认定。更不能对政治素质、工作作风、生活方式等方面进行评价，如有的安全审计评价出现"政治过硬、作风正派、工作勤劳"等用语，都是不恰当的。超越审计范围的评价不仅影响审计效果，也增大了审计风险。

（四）要使用规范的语言进行评价，切忌生搬硬套

在进行安全审计评价时，要使用规范的语言、专业的表述、适当的措辞。不追求冗长的赘述，要求语言逻辑性强，文字精练、表达准确。慎用形容词、打比方等修饰用词和文学语言。切忌夸张语言、空洞化语言。对于属于审计必须评价的内容，而因故评价证据不充分的，应当以写实的手法来反映。

（五）要科学使用审计评价方法，切忌牵强附会

对不同的审计内容使用不同的审计评价方法，针对性要强。对安全指标、目标任务、实施方案使用定量分析评价。从量开始，以量分析，依量定结果；对违纪违规问题的责任，使用定性分析评价。确定违纪违规问题的性质，划分违纪违规问题的责任，区分直接责任或主管责任，划清集体决策与个人决策的界限；对内部控制制度使用程度分析评价。为了规避审计风险，一般使用有前置条件的肯定，慎用"完全""100%"等最高限度的评价。

三、评价方法

安全审计评价内容涉及煤矿安全生产的方方面面，决定了审计评价工作的复杂化。安全审计评价不是对被审计单位就事论事的单一评价，而是需要运用一定的技术方法，对被审计单位安全管理水平进行总体的分析、判断和评价，揭示被审计单位在安全管理和安全技术方面存在的问题，提出改进建议，以便更好地发挥安全审计评价的作用，创造组织价值。

安全审计评价方法一般包括数据包络分析理论、二次相对评价法和平衡计分卡法等。上述评价方法主要针对财务和经济审计，安全审计可以综合运用多种方法，本书重点介绍综合评价法。综合评价法是在多种指标计算的基础上，根据一定的权数计算出一个综合评价值，依据综合评价值对煤矿安全生产状况进行评价。构成综合评价的要素主要有：

1. 评价者

评价者是审计组织单位。

2. 被评价对象

被评价对象是被审计单位。

3. 评价指标

评价指标从多个视角和层次反映特定评价客体数量规模与数量水平。它是一个"具体—抽象—具体"的辩证逻辑思维过程，是人们对现象总体数量特征的认识逐步深化、求精、完善、系统化的过程。

4. 权重系数

相对于某种评价目的来说，评价指标的相对重要性是不同的。权重系数确定得合理与否，关系到综合评价结果的可信程度。

5. 多指标综合评价

所谓多指标综合评价，是指通过一定的数学模型将多个评价指标值"合成"为一个整体性的综合评价值。

四、评价指标体系

安全审计评价需要重点关注三个问题：一是如何科学设置评价指标；二是如何确定评价标准；三是如何给评价指标设定合理的权重。同样的方法，不同的评价指标、评价标准和指标权重，均可产生不同的评价结果，评价指标、评价标准和指标权重的设定关系到审计评价结果能否真实、准确地体现煤矿安全管理水平。

根据煤矿安全审计主要内容，设计煤矿安全审计评价指标体系，分为目标层、维度层和指标层。指标体系架构如图4-1所示。

目标层为煤矿安全审计评价指数，通过评价指数高低评价煤矿安全管理水平。

维度层包括安全管理和专业技术两部分。

指标层分为三级，每个维度层均由若干个一级指标构成，每个一级指标下设若干个二级指标，每个二级指标下设若干个三级指标，三级指标即为具体的审计内容条款。

一级指标、二级指标、三级指标的设置，根据被审计单位的特点不同有所差异，如：审计煤矿和审计煤矿上级公司，审计评价指标存在明显不同，评价煤矿侧重于评价煤矿的安全管理和现场管理两方面，评价煤矿上级公司主要是评价其对煤矿的管理情况。

每个一级指标的分值均为 100 分，根据审计内容重要程度，为各二级指标、三级指标赋分值，每个一级指标下的各二级指标、三级指标分值加和为 100 分。根据三级指标内容设置及分值情况，逐条制定评分方法。

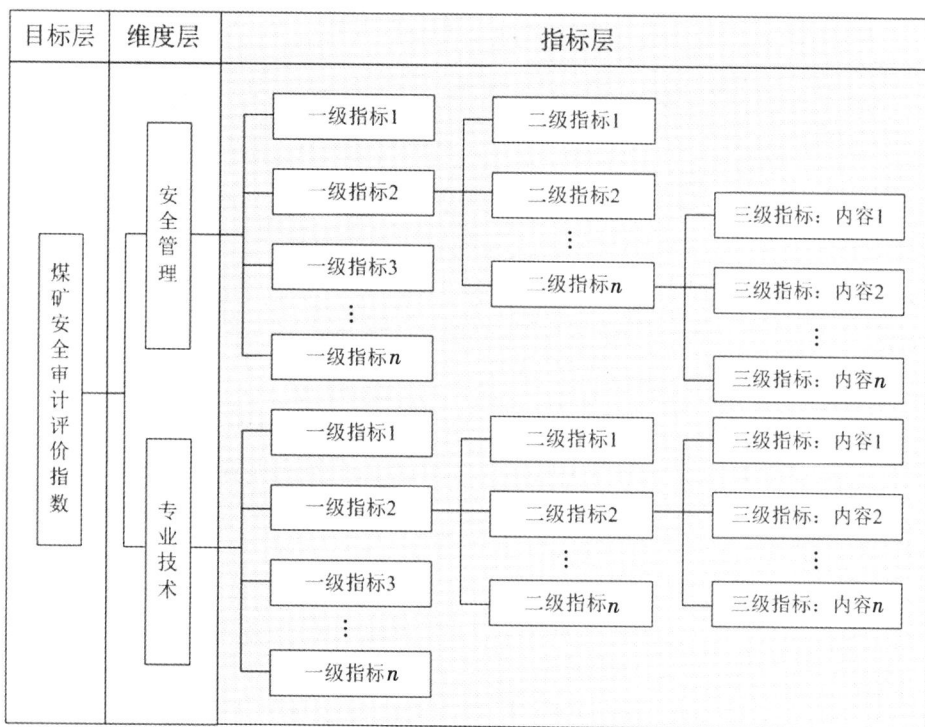

图 4-1　煤矿安全审计评价体系架构图

以国家能源集团煤矿安全审计为例，安全管理部分由 12 个一级指标 46 个二级指标 128 个三级指标构成，井工煤矿专业技术由 10 个一级指标 72 个二级指标 580 个三级指标构成，露天煤矿专业技术由 8 个一级指标 26 个二级指标 147 个三级指标构成。以承包商安全管理为例，评价指标体系见表 4-1。

表 4-1 承包商安全管理评价指标体系表

一级指标	二级指标	三级指标（审计内容条款）	分值	评分方法
承包商安全管理（100分）	（一）承包商管理责任制度	建立健全承包商管理组织机构，明确职责分工；根据自身生产安全管理特点，制定承包商管理办法	10	无管理机构，或者未制定承包商管理办法，不得分；办法内容不符合要求，1处扣2分；各部门、人员承包商安全管理职责不明确，1处扣2分
	（二）依法合规生产	严格做到依法合规生产，无违法分包转包	15	检查发现非法分包、转包，井下采掘工作面和井巷维修作业劳务承包；露天煤矿采煤外包或者剥离超过2家，均不得分
	（三）承包商准入	煤矿在承包商入场前，对其资质等级、业绩证明、人员信息、组织机构和制度体系等相关材料进行审核；对承包商项目经理、安全及技术管理等人员的安全生产管理知识和能力进行验证，确保其具备有效履职的知识和能力	20	（1）未开展入场前审核，不得分；审核内容不全，缺1项扣3分。 （2）现场检查发现承包商资质不符合要求、资质挂靠、不具备安全生产条件，管理人员配置不齐全，违约拼凑作业人员，1处扣10分。 （3）承包商项目经理、安全及技术管理人员不掌握相关内容，1人次1个问题回答错误扣2分
	（四）承包商过程控制	（1）煤矿与承包商签订《安全生产管理协议》。 （2）煤矿对承包商日常安全管理情况和施工现场进行监督、检查，实施"无差别、一体化"管理	20	（1）无承包商管理台账，扣5分；台账内容不全或不符合要求，扣2分。 （2）无安全生产管理协议，1处扣10分。 （3）施工方案不科学或者安全技术措施不到位，1处扣5分；违反"无差别、一体化"管理相关要求，1处扣3分。 （4）施工作业前，无专人技术交底或未全面验收，扣3分；未对承包商安全技术措施等技术文件进行审批，1处扣3分。 （5）未对承包商人员三级教育全程监督检查，扣10分；煤矿对承包商日常监督检查不到位，1处扣2分；相关安全问题未及时督促整改，1处扣2分；现场检查发现承包商未开展三级教育，1人扣4分

表4-1(续)

一级指标	二级指标	三级指标（审计内容条款）	分值	评分方法
承包商安全管理（100分）	（五）承包商考核评价	严格执行承包商诚信履约制度、从业人员诚信履职制度和承包商"黑名单"制度，开展承包商诚信履约评价	15	（1）未建立三项制度，缺1项扣2分；制度内容不符合要求，1处扣1分。 （2）未开展承包商履约评价，1处扣2分。 （3）履约评价未达标或发生事故的承包商未纳入"黑名单"管理，1处扣2分。 （4）未明确承包商失信行为认定、归口提报和联合处置流程，缺1处扣3分；未建立失信承包商退出通道，扣5分。 （5）未按照集团公司安全生产百日攻坚十项措施要求，开展警戒约谈、停工整顿或清退，1处扣3分。
	（六）承包商专项整治	涉及外包工程的单位，要组织开展1次外包工程安全管理全面排查	20	（1）未开展承包商专项整治，不得分。无排查工作方案，扣10分；排查重点，缺1项扣2分。 （2）未排查出实质问题、排查走过场，1处扣5分。 （3）未将承包商纳入本单位安全生产管理体系，1处扣5分

五、评价权重系数

在构建安全审计评价指标体系过程中，要确定评价指标的权重值。各项指标的权重值，反映了该指标在整个安全审计评价指标体系中所占的比重。权重值应根据该指标对企业安全生产水平的影响程度及其实施的难易程度来确定。

（一）指标权重确定方法

1. 主观赋权法

根据决策者（专家）主观上对各属性的重视程度来确定属性权重的方法，其原始数据由专家根据经验主观判断得到。包括专家调查法（德尔菲法）、层次分析法（AHP）、二项系数法、环比评分法、最小平方法等。

主观赋权法的优点是专家可以根据实际的决策问题和专家自身的知识经验合理地确定各属性权重的排序，不至于出现属性权重与属性实际重要程度相悖的情况。但决策或评价结果具有较强的主观随意性，客观性较差，同时增加了对决策分析者的负担，应用中有很大局限性。

2. 客观赋权法

根据各属性的联系程度，或各属性所提供的信息量大小来决定属性权重。包括主成分分析法、熵值法、离差及均方差法、多目标规划法等。

客观赋权法主要是根据原始数据之间的关系来确定权重，因此权重的客观性强，且不增加决策者的负担，方法具有较强的数学理论依据。但是这种方法没有考虑决策者的主观意向，因此确定的权重可能与人们的主观愿望或实际情况不一致，使人感到困惑。

3. 组合赋权法

针对主、客观赋权法各自的优缺点，兼顾决策者对属性的偏好，力争减少赋权的主观随意性，使属性的赋权达到主观与客观的统一，进而使决策结果真实、可靠。因此，合理的赋权方法应该同时基于指标数据之间的内在规律和专家经验对决策指标进行赋权。

（二）权重系数选取原则

（1）评价权重的分配会因煤矿安全生产管理特点不同而有所差别，煤矿安全生产管理情况各异，不可能确定一成不变的安全审计评价指标体系，也不存在统一的指标权重，即使同一评价对象在不同的历史时期也会有所不同。

（2）评价权重的分配涉及各评价维度的权重分配以及每一维度内各评价指标之间的权重分配。各评价维度的权重系数加和等于1，每一维度内各评价指标权重系数加和等于1。

（三）权重系数选取案例

以国家能源集团煤矿安全审计为例，采用德尔菲法确定了安全管理、专业技术及各评价指标权重系数。使用德尔菲法分配指标权重需要如下步骤：

（1）选择专家。选择熟悉经济责任审计工作、经验丰富、分析判断能力强，对工作认真负责的专家。根据具体审计项目的情况，专家人数为10~20人。

（2）设置调查表和准备必要的背景资料。调查表主要用来获取专家对一级指标重要性水平以及权重分配的意见，背景资料主要作为专家进行分析时参考的依据。

（3）进行多轮咨询调查。利用设置好的调查表进行多轮的咨询调查。

（4）采用统计方法综合得出专家群体对重要性水平的判断和指标权重的分配结果，并将结果与专家个体判断的差异性进行分析，以确定结果的可信度。具体结果见表4-2至表4-4。

表4-2　安全管理审计各专业权重系数

序号	一级指标	标准分值	权重（a_i）
1	安全发展理念	100	0.06
2	安全生产责任制和管理制度	100	0.10
3	落实领导班子职责	100	0.15
4	安全监管体系	100	0.06
5	业务保安体系	100	0.05
6	区队安全管理体系	100	0.03
7	双重预防机制建设	100	0.12
8	安全生产基础建设	100	0.12
9	从业人员素质	100	0.10
10	事故调查处理	100	0.06
11	承包商安全管理	100	0.03
12	安全生产重要文件贯彻落实	100	0.12

表4-3　露天专业技术审计各专业权重系数

序号	一级指标	标准分值	权重（a_j）
1	钻孔爆破	100	0.20
2	采装运输	100	0.25
3	排土	100	0.15
4	机电	100	0.15
5	边坡	100	0.10
6	疏干排水	100	0.05
7	消防与防灭火	100	0.05
8	基本建设	100	0.05

表4-4 井工专业技术审计各专业权重系数

序号	一级指标	标准分值	权重（a_k）
1	生产布局及生产接续	100	0.08
2	采煤	100	0.09
3	掘进	100	0.09
4	机电	100	0.09
5	提升运输	100	0.09
6	一通三防	100	0.16
7	安全监控与通信	100	0.09
8	地测防治水	100	0.12
9	冲击地压	100	0.10
10	基本建设	100	0.09

六、综合评价模型

（一）综合评价模型构建

用煤矿企业安全审计评价指数反映煤矿安全管理水平，综合评价模型如下：

（1）安全管理专业总得分B_1、露天专业技术总得分B_2、井工专业技术总得分B_3，分别按照式（4-1）、式（4-2）、式（4-3）计算：

$$B_1 = \sum_{i=1}^{12} x_i \times a_i \qquad (4-1)$$

$$B_2 = \sum_{j=1}^{8} x_j \times a_j \qquad (4-2)$$

$$B_3 = \sum_{k=1}^{10} x_k \times a_k \qquad (4-3)$$

式中：x_i，a_i——安全管理各专业实际得分、权重；

x_j，a_j——露天专业技术各专业实际得分、权重；

x_k，a_k——井工专业技术各专业实际得分、权重。

（2）如果某专业在被审计单位不涉及，那么按照该专业缺项处理，将缺项部分的加权分值平均折算到其他部分中去。折算方法如式（4-4）：

$$B_i' = \frac{100}{100-P} \times B_i \qquad (4-4)$$

式中：B_i'——实际得分；

　　　B_i——加权得分；

　　　P——缺项分数（缺项权重值乘以 100）。

（3）安全管理。专业技术两部分满分均为 100 分，安全管理、专业技术各占 50%，煤矿安全审计评价指数按照式（4-5）计算：

$$A = [B_1 + (B_2 + B_3) \times 50\%] \times 50\% \tag{4-5}$$

（二）评价结果等级

根据得分情况综合考虑其他因素，将安全审计评价分为"好""较好""一般""较差""差"5 个等级进行评价。

（1）评价为"好"等级的，综合得分应为 90 分（含）至 100 分；

（2）评价为"较好"等级的，综合得分应为 80 分（含）至 90 分（不含）；

（3）评价为"一般"等级的，综合得分应为 70 分（含）至 80 分（不含）；

（4）评价为"较差"等级的，综合得分应为 60 分（含）至 70 分的（不含）；

（5）评价为"差"等级的，综合得分应在 60 分以下（不含）。

第二节　安全审计结果运用

审计工作的最大绩效在于审计结果运用。被审计单位通过运用审计结果，开展审计整改工作；内部审计部门开展后续审计，扎实推进审计整改，提高审计结果运用效果，提高被审计单位工作水平，这是审计工作的本意和目的所在。

一、审计结果运用的定义

（一）审计结果的基本含义

所谓审计结果，是指内部审计机构和人员依据相关规定、履行相关程序、发挥审计职能的过程中形成的工作成果，主要包括：真实客观的信息、审计发现的问题、审计意见和建议、审计经验和方法等。审计结果是审计工作的直接输出，是内部审计发挥作用的载体。

（二）审计结果运用的基本含义

审计结果运用，是指相关主体对审计结果进行科学、合理的开发、整合和转化利用。审计结果能否得到运用，关系到内部审计作用的发挥。所以，党和国家在关于审计工作的各项政策文件中，都对建立、完善审计结果运用提出了明确要求。

1. 党和国家关于审计结果运用的政策精神

《国务院关于加强审计工作的意见》（国发〔2014〕48 号）赋予审计"维护国家经济安全"和"促进国家重大决策部署落实"的重要职能，要求"狠抓审计发现问题的整改落实""建立整改检查跟踪机制""严肃整改问责"。

2015 年，中共中央办公厅、国务院办公厅印发的《关于完善审计制度若干重大问题的框架意见》中要求："完善审计结果运用机制……把审计监督与党管干部、纪律检查、追责问责结合起来，把审计结果及整改情况作为考核、任免、奖惩领导干部的重要依据"。

2018 年 5 月，中央审计委员会第一次会议强调："认真整改审计查出的问题，深入研究和采纳审计提出的建议，完善各领域政策措施和制度规则。"

2. 中央部门关于审计结果运用的政策精神

2019 年 4 月 25 日，审计署办公厅印发的《2019 年度内部审计工作指导意见》（审办内审发〔2019〕39 号）中指出："六、强化内部审计结果运用，推动完善制度和加强管理……加强内部审计结果的运用，加强内部审计与内部纪检、巡视巡察、组织人事等部门的沟通协作，建立信息共享、结果共用等机制。推动将内部审计结果及整改情况作为考核、任免、奖惩干部和相关决策的重要参考，将经济责任审计结果及整改情况纳入领导班子民主生活会及党风廉政建设责任制检查考核的范围。对内部审计发现的违纪违法问题线索，应按照管理权限和法定程序依法依规移送相关主管机关，努力提升内部审计工作成效。"

2020 年，国务院国资委《关于深化中央企业内部审计监督工作的实施意见》（国资发监督规〔2020〕60 号）第八条要求："压实整改落实责任，促进审计整改与结果运用……密切结合国家审计、巡视巡察、国资监管等各类监督发现问题的整改落实，建立和完善问题整改台账管理及'销号'制度，由内部审计机构制订统一标准并对已整改问题进行审核认定、验收销号。对长期未完成整改、屡审屡犯的问题开展跟踪审计和整改'回头看'等，细化普遍共性问题举一反三整改机制，确保真抓实改、落实到位……将内部审计结果及整改情况作为干部考核、任免、奖惩的重要依据之一，对审计发现的违规违纪违法问题线索，按程序及时移送相关部门或纪检监察机构处理。"该文件从总体上要求强化审计结果的运用，通过审计真正"促进中央企业落实党和国家方针政策以及国有资产监管各项政策制度。深化企业改革，服务企业发展战略，提升公司治理水平和风险防范能力，助力中央企业加快实现转型升级、高质量发展和做强做优做大"。

二、如何开展审计结果运用

（一）安全审计发现问题整改

各单位开展审计整改工作，不能仅就审计发现问题进行整改，而应认真研究分析审计建议，举一反三，注重建立健全审计查出问题整改的长效机制，建章立制，完善工作流程，堵塞管理漏洞，提高管理绩效。

（1）明确单位主要负责人为整改第一责任人，推进问题的全面整改。

（2）建立审计发现问题整改台账，完善审计整改问题立号、销号记录，最终形成审计整改资料档案。

（3）探索采取审计整改结果内部通报或在一定范围公告等方式，对纠正不及时、不到位的问题，建立责任追究机制。

（4）审计整改过程中的建章立制，与本单位安全生产实际工作相结合，与单位内部已经出台的制度文件相配套。

（5）加强与内部纪检、巡视巡察、组织人事等部门的沟通协作，建立信息共享、结果共用等机制。

（6）参与单位的考核和评价。积极探索将内部审计结果及整改情况作为单位对内部各部门进行考核和评价的重要参考依据，服务和支撑单位的重大决策。

（二）安全审计结果运用

煤矿安全审计主要目的是查找煤矿安全管理存在的问题，分析问题产生的根本原因，并给出整改提升建议，降低煤矿安全风险。这个目的的实现，需要把审计结果运用到煤矿安全生产的各项工作过程中。内部审计机构是审计问题的发现者和审计建议的提出者，但多数情况下并不能直接运用审计结果。只有审计结果得到适当运用、问题得到整改、管理建议得到采纳和施行、内部审计形成完整闭环，才能说内部审计发挥了作用。

1. 审计结果在领导科学决策上的运用

审计报告通常是对被审计单位的全面扫描和重点检查，是对煤矿在安全生产方面的"画像"，即使原来对被审计单位不了解的人员，通过阅读审计报告，对该单位的基本情况，如历史沿革、安全生产情况、存在问题等也会有个大致的掌握，加上审计的独立性、客观性，审计报告更是高效了解情况的途径。所以，很多单位高层领导在调研前，都会专门把需要调研单位最近几年的安全审计报告阅读一下，以便有的放矢，将了解的信息作为安全生产决策的切入点和支撑。

2. 审计结果在管理提升上的运用

审计结果在管理提升方面的运用主要包括审计提出问题的整改以及建章立制，堵塞制度漏洞。一方面，审计发现问题整改是审计结果运用最基础、最直接的方式，通过内部审计，通常会发现煤矿安全生产问题（尤其是突出问题），深入分析人员、安全管理、制度建设、设备设施、作业环境等方面存在的问题，使被审计单位"治已病，防未病"。另一方面，通过运用审计结果，采取措施，建章立制，查漏补缺，不断修正集团安全管理制度，使发现的问题得到解决，进一步弥补被审计单位的短板，提升安全管理能力。

3. 审计结果在督促业务保安责任落实上的运用

安全生产工作涉及多个部门，实现安全生产目标，离不开各个部门各司其职、相互配合，一旦某些部门或个人不正确履行安全职责，就会不可避免地出现问题。通过将内部审计结果运用到工作中，可以及时监督相关业务保安部门责任得到切实落实。如某公司提高安全审计结果运用利用率，及时总结集团内共性或重大问题，向公司财务部门、人力资源部门、工程项目管理部门通报安全审计情况，促进监督主体之间的信息共享，督促业务保安部门落实业务保安责任，强化业务保安。

4. 审计结果在考核奖惩方面的运用

审计机构应当加强与内部纪检监察、巡视巡察、组织人事等其他内部监督力量的协作配合，建立信息共享、结果共用、重要事项共同实施、问题整改问责共同落实等工作机制，将内部审计结果及整改情况作为干部任免、奖惩和相关决策的重要依据，将重大的违规、违法案件移交纪检监察部门等；通过将问题整改效果纳入考核，将整改效果与绩效挂钩，使被审计单位更加重视。

5. 审计结果在效益效率提升上的运用

有些审计问题不一定是违反规程、规范及制度的问题，而可能是违背效率或效益原则。通过审计专家专业的判断，能够确定哪些流程可以进一步优化以提升效率，确认哪些管理模式可以进一步完善或规范，使效益最大化。

6. 审计结果在文化营造上的运用

审计部门可以将审计发现问题编写成典型案例，对管理人员进行警示教育，还可以利用自身的专业优势，开展安全风险管理、依法合规管理等方面培训，创造审计成果应用的软环境，提高管理人员的合规和风控意识。审计部门在宣导和培训中，还要有意识地培育审计文化，使管理人员了解审计、支持审计。

安全审计结果的运用如图 4-2 所示。

图 4-2　安全审计结果的运用

第五章

煤矿安全审计信息系统

煤矿安全生产是关系人民群众生命财产安全的大事。近年来，我国煤矿安全生产形势总体平稳，但仍存在一些薄弱环节，安全事故时有发生。安全审计是煤矿企业加强安全生产管理的重要手段。

随着煤矿安全审计的不断深入和广泛实施，信息系统的角色变得愈发关键。本章将深入探讨煤矿安全审计信息系统的设计、功能和开发。在此之前的章节中，我们已经深入研究了安全审计的概念、程序和各层级的实施情况。本章将通过引入信息系统的概念，进一步巩固并提升对安全审计的理解，为读者呈现一个全面的信息系统框架，以支持安全审计的各个方面。

煤矿安全审计信息系统的引入可以实现对安全管理过程的智能化支持，提高审计效率、精确性和可追溯性。这一系统不仅仅是技术工具，更是推动企业安全管理不断升级的战略性利器。通过收集与分析各项安全管理指标，该系统将成为煤矿企业持续改进安全管理的不可或缺的组成部分。

本章将分为三个关键小节，分别探讨煤矿安全审计信息系统的系统架构、系统功能和系统开发。每一小节都将深入剖析相关主题，为读者提供清晰的指导，使其能够理解信息系统在安全审计中的重要性，并能应用信息系统。

第一节　系统架构

系统架构是系统设计的重要组成部分，是系统功能、性能、安全等方面的重要保障。煤矿安全审计信息系统架构应满足以下要求：

（1）满足审计工作的实际需求，能够有效地支持审计计划管理、审计实施管理、审计结果查询等工作流程。

（2）具有良好的扩展性和可维护性，能够适应煤矿企业安全管理工作的发展变化。

（3）具有良好的安全性，能够保护系统数据的安全性。

一、系统总体架构

为了有效地管理煤矿安全信息、实施内部审计，并保障员工和资产的安全，煤矿安全审计信息系统采用三层架构，将系统的不同功能划分到三个独立的层次，以提高系统的灵活性、可维护性和可扩展性。这三个层次分别是展示层、业务逻辑层和数据层，系统总体架构示意图如图5-1所示。

图 5-1　系统总体架构示意图

（一）展示层

展示层是用户与系统交互的界面，通常包括图形用户界面（GUI）和用户体验设计。在煤矿安全审计信息系统中，展示层的设计要求直观、友好，以便各级用户能够轻松理解和使用系统。这一层次主要包括以下几个方面。

1. 用户界面设计

展示层的核心是用户界面，应该考虑到各类用户的需求。在煤矿企业和审计组织中，涉及超级管理员、普通管理员、审计组组长、审计组组员等多个角色，因此用户界面需要具有差异化设计，以满足不同用户群体的操作需求。

2. 数据可视化

煤矿安全信息涉及大量的数据，包括安全检查分类、安全检查记录、事故报告等。通过数据可视化技术，展示层可以将这些数据以直观的图表、表格等形式呈现，帮助用户更好地理解和分析信息。

3. 任务管理与报表统计

展示层整合了任务管理和报表统计，使用户能够在同一界面轻松查看安全管理任务和相关统计信息。用户可一目了然地了解待办任务、任务优先级以及系统的历史数据和趋势，获取全面的信息支持，在一个界面内高效管理和监控煤矿安全审计。

(二) 业务逻辑层

业务逻辑层是煤矿安全审计信息系统的核心，负责处理各种业务逻辑和规则，确保系统的正常运行。在这一层次中，主要涉及以下方面。

1. 审计流程管理

业务逻辑层负责管理内部审计的流程，包括计划审计、执行审计、整理审计结果等。这需要对煤矿安全管理的各个方面建立详细的审计流程，并确保按照规定的步骤进行。

2. 安全规则与策略

在业务逻辑层，采用强密码策略确保身份验证与授权机制严密。当实施数据加密传输时，使用 SSL/TLS 保障通道安全。建立实时监控与快速响应机制，设定审计日志记录用户操作。防范 SQL 注入和跨站脚本攻击，确保输入数据验证。实施安全审批流程，避免恶意修改。进行定期系统漏洞扫描和安全演练，制订应急响应计划。定期更新系统和组件，维持系统安全性。这些安全规则与策略保障了系统在复杂环境中的稳健运行。

3. 用户权限管理

在业务逻辑层，用户权限的管理是至关重要的。通过定义不同角色的权限，系统可以确保每个用户只能访问和修改其权限范围内的信息。这有助于保障系统的安全性和数据的完整性。

(三) 数据层

数据层是煤矿安全审计信息系统的基础，负责数据的存储、管理和提供。在这一层次中，主要包括以下几个方面。

1. 数据库管理系统

数据层通过数据库管理系统来存储和管理各类数据，包括安全检查记录、用户信息、审计参数设定等。数据库的设计应考虑到数据的结构化和关联性，以便系统能够高效地存储和检索信息。

2. 数据备份管理

由于涉及大量的敏感信息，数据层需要具备高水平的安全性。采用加密技术、访问控制等手段，保障数据的机密性和完整性。同时，定期的数据备份操作也是不可或缺的，以应对可能发生的数据丢失或损坏情况。

3. 数据接口与集成

数据层还需要提供适当的数据接口，以支持系统与其他业务系统的集成。这有助于信息的共享和流通，提高了企业各个系统之间的协同效率。

综上所述，煤矿安全审计信息系统的三层架构在展示层、业务逻辑层和数据层的协同作用下，构建了一个完备而高效的信息管理平台。展示层通过友好的用户界面和数据可视化，使用户能够轻松理解和操作系统；业务逻辑层通过严谨的审计流程、安全规则和事件处理，保障系统的正常运行和安全性；数据层通过数据库管理、安全性保障和数据接口，确保了信息的安全存储和高效利用。通过三层架构的设计有助于提升煤矿企业的安全管理水平，保障煤矿生产的安全稳定进行。

二、编程语言设计

为了提高系统使用的便捷性，煤矿安全审计信息系统采用 Html5+vue 技术构建前端，为用户提供现代、响应式的管理界面。后台选择 Java 语言，确保系统的跨平台性和高性能。后台管理系统通过浏览器访问，而移动终端 App 则通过 vue 框架进行开发，实现灵活的移动端应用。这种结合方式使得煤矿安全审计信息系统在不同终端上都能提供一致的用户体验。前后端分离降低了耦合性，有助于团队协作和系统的维护。整体架构为了满足用户的多样化需求，提高了系统的适用性和可扩展性。

（一）前端开发

为了提高开发效率和降低维护难度，系统采用前后端分离的架构进行开发，将系统的前端（用户界面）和后端（业务逻辑和数据处理）分离，使得二者能够独立演进，降低耦合性，提高了系统的可维护性和可扩展性。

前端采用 Html5+vue. js 进行开发，Html5 作为标准通用标记语言，提供了更多的语义元素和更丰富的多媒体功能，能够实现跨平台、跨浏览器、多分辨率下的灵活布局，使得系统在不同设备上都能够呈现出优雅的界面，为用户提供更好的浏览体验。而 vue. js 是一套用于构建用户界面的渐进式框架，具有高效的双向数据绑定机制，为系统的前端开发提供了便利，其具有以下优势：

（1）跨平台性强，适用于桌面端、移动端等多种平台。

（2）开发效率高，代码可维护性强。

（3）可视化程度高，易于使用。

（二）后台接口程序

后台接口程序采用 Java 进行开发，这一选择基于 Java 语言的广泛应用、高安全性和可移植性。Java 的跨平台性质使得系统能够轻松适配各煤矿和云平台不同操作系统的部署环境，确保了系统在不同环境中的稳定运行。

Java 语言本身具有高度的安全性，通过 Java 的安全管理器和类加载机制，系统能够有效防范恶意代码的执行。此外，Java 提供了丰富的安全库和工具，为系统的数据和交互操作提供了多层次的保护。煤矿安全审计信息系统采用 Java 作为后台开发语言，具有以下优势：

（1）性能稳定，可靠性高。

（2）开发效率高，代码可读性强。

（3）可移植性强，适用于多种操作系统。

（三）移动终端应用开发

在煤矿安全审计信息系统的移动终端应用开发中，选择采用 Uniapp 框架，以实现跨平台的移动应用。Uniapp 是一款基于 vue. js 的开发框架，支持同时构建 iOS、Android、H5 等多个平台的应用，具有高效的开发和维护特性。

首先，Uniapp 框架的选择是基于其强大的跨平台能力。通过 Uniapp，可以使用一套代码同时开发 iOS 和 Android 平台的应用，极大地提高了开发效率。这对于煤矿安全审计信息系统而言尤为重要，因为移动终端应用需要覆盖不同用户群体，包括管理人员和现场工作人员，而这些用户可能使用不同类型的移动设备。

其次，Uniapp 建立在 vue. js 的基础上，继承了 vue 的简捷法和灵活性，使得开发人员可以采用熟悉的 vue. js 语法进行开发。vue. js 的组件化开发思想也在 Uniapp 中得以延续，有助于代码的模块化和复用，使得移动应用的开发更加结构化和可维护。

Uniapp 还提供了丰富的插件生态系统，可以轻松集成各种原生能力，如地理位置、相机、推送等，满足系统对于移动端设备功能的需求。这使得我们可以充分利用移动设备的硬件和软件资源，为用户提供更全面的功能和体验。

最后，Uniapp 框架的一大优势在于其支持 H5 应用的开发，使得移动终端应用能够通过浏览器访问，无须下载安装，提高了用户的便捷性和系统的普适性。这对于在不同场景和设备上使用煤矿安全审计信息系统提供了更大的灵活性。

总体而言，Uniapp 框架的选择基于其跨平台、易学易用、插件丰富等优势，有助于高效地开发移动终端应用，为煤矿安全审计信息系统的用户提供更全面、灵活的移动端体验。

（四）系统部署

为了实现灵活性和可伸缩性，将后台服务部署在云服务器上。采用云计算技术，如阿里云，可以确保系统在处理大量数据和用户请求时保持高效。云服务器的选择取决于企业的具体需求和预算。通过云服务，能够灵活调整系统资源，确保系统的高可用性和稳定性。同时，云服务提供商的安全性措施有助于保护系统免受潜在威胁。

煤矿安全审计信息系统部署在云服务器上，具有以下优势：

（1）可靠性高，安全性强。

（2）扩展性强，可满足业务发展需求。

（3）成本效益高，节省企业 IT 投入。

煤矿安全审计信息系统的编程语言设计充分考虑了用户的便捷性、系统的安全性和可维护性。采用 Html5+vue. js 进行前端开发，Java 进行后台接口程序开发，实现了前后端分离、灵活适应不同环境的布局自适应适配，同时确保系统的高安全性和跨平台可移植性。这一设计理念为系统的高效稳定运行提供了坚实的技术基础。

三、数据库架构设计

（一）数据库管理系统选择

数据库管理系统的选择是煤矿安全审计信息系统设计中至关重要的一环。MySQL 是一种开源的关系型数据库管理系统，其开放源代码、高性能、可扩展性和丰富的功能使其成为企业级应用的首选。MySQL 的社区支持活跃，拥有大量的用户和开发者社群，提供了持续的技术更新和安全补丁，这为系统的可维护性和可靠性提供了有力保障。

在综合考虑性能、可扩展性、数据安全性和成本等因素后，MySQL 成为满足煤矿安全审计信息系统需求的最佳选择。

（二）数据库架构

数据库架构是整个系统架构中的核心组成部分。系统设计思路遵循以下原则。

（1）三层架构。采用三层架构，将系统划分为展示层、业务逻辑层和数据层。数据库作为数据层的核心，承担数据的存储和管理职责。

（2）模块化设计。数据库结构采用模块化设计，每个表负责存储特定类型的数据，实现数据的高内聚和低耦合。

（3）性能优化与可扩展性。在数据库设计中，注重性能优化和可扩展性。通过合理的索引设计、分区表策略以及缓存技术，提高系统的性能和可扩展性。

其中，数据库的三层架构具体描述如下。

1. 展示层

展示层是用户与系统直接交互的界面，负责将用户的请求传递给业务逻辑层，并展示业务逻辑层返回的数据。数据库在展示层的作用主要体现在数据的读取和展示。

2. 业务逻辑层

业务逻辑层是系统的核心，负责处理系统的业务逻辑和规则。数据库在业务逻辑层的作用主要是提供数据的存储、更新和删除功能，同时参与复杂查询和数据处理操作。

3. 数据层

数据层是整个系统的底层，负责数据的存储和管理。数据库在数据层的作用主要是设计合理的数据结构，确保数据的完整性、一致性和安全性。

（三）数据库结构设计

1. 检查参数设置表

该表存储安全审计相关参数的配置信息，包括参数名称、类型、单位和默认值等字段，以提供系统管理员进行定制和调整的灵活性。这样的设计确保系统能够适应不同煤矿企业的特殊需求，满足多样化的安全审计要求。

2. 用户信息表

用户信息表存储了煤矿企业与审计小组用户的基本信息，为系统提供了用户身份的基础数据。该表的设计考虑了用户信息的全面性和实用性。

3. 安全审计记录表

安全审计记录表是系统中的核心数据之一，记录了每一次安全审计的详细信息，包括时间、地点、审计人员、审计结果等。该表的设计充分考虑了业务需求，保证了数据的规范存储。

（四）数据库安全性设计

数据安全性是系统设计中至关重要的一个方面。在数据库层面，采取了一系列的安全措施，以确保敏感信息不受到未经授权的访问，同时保障数据的完整性和机密性。

1. 数据加密

为了保护敏感数据，采用数据库支持的加密算法对特定字段进行加密存储。这样可以在数据库层面增加数据的安全性，即使数据库被未经授权的访问者获取，也难以获取明文敏感信息。

2. 访问控制

通过数据库用户和权限管理，确保只有经过授权的用户才能够访问系统中的数据。细粒度的访问控制策略将不同用户、角色的权限区分开，保障了数据的隐私和合规性。

3. 审计日志

开启数据库的审计日志功能，记录数据库的各种操作，包括查询、更新、删除等。审计日志不仅有助于及时发现潜在的安全问题，而且是系统遵循合规性规定的一种手段。

通过以上数据库架构设计，综合系统的性能、安全性、可恢复性和可扩展性等方面进行了全面考虑，选择 MySQL 作为数据库管理系统，并采用三层架构设计，模块化的表结构设计，以及多方面的数据库优化和安全措施，确保了煤矿安全审计信息系统在数据库层面的高效稳定运行。这一综合性的设计不仅符合系统的业务需求，而且为未来系统的发展提供了可靠的基础。

第二节　系统功能

煤矿安全审计信息系统设计了 5 个核心功能模块，实现对用户权限、审核检查信息、审计任务、文章资讯以及移动终端应用的全面管理。这些模块不仅涵盖了日常安全审计所需的基本功能，而且提供了灵活的定制和配置选项，以适应不同组织结构的特定需求。

用户权限管理模块为系统提供了安全可靠的访问控制，确保只有经过授权的用户才能访问系统功能。而审核检查信息维护模块则致力于维护关键业务数据，以支持审计检查的精准执行。审计任务管理模块帮助组织高效安排和执行审计任务，从而提升组织绩效。文章资讯管理模块为用户提供了信息获取的便捷途径，使其能够随时了解行业动态。最后，移动终端应用模块通过提供灵活的移动解决方案，使用户能够随时随地参与管理流程，提高了工作的灵活性和响应速度。

系统功能模块如图 5-2 所示。

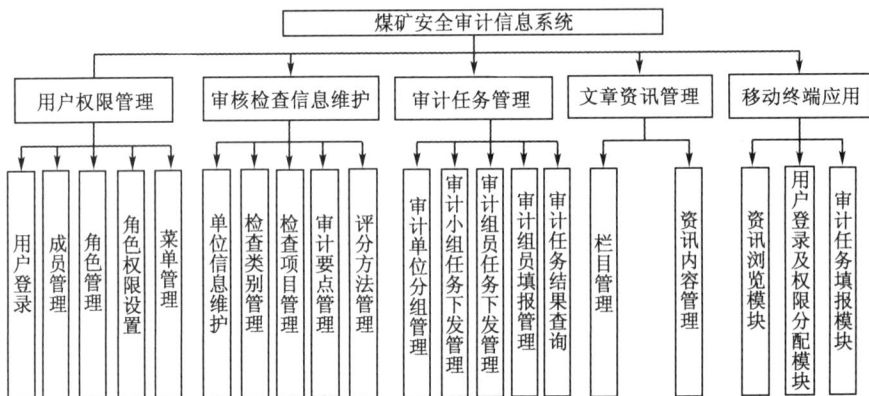

图 5-2　系统功能模块

一、用户权限管理

为了有效管理系统中的用户，系统设计了灵活的用户权限管理模块。该模块包括以下关键功能：用户登录、成员管理、角色管理、角色权限设置以及菜单管理。通过这一全面的用户权限管理体系，系统管理员能够更好地控制和调整用户的访问权限，确保信息的安全性和组织的高效运作。

（一）用户登录

用户登录是系统的入口，也是确保系统安全性的第一道关卡。该功能涉及身份验证、访问控制和用户信息管理。在用户登录时，系统会验证用户提供的身份信息，确保其合法性和准确性。登录成功后，系统会为用户分配一个特定的会话标识，用于在用户与系统之间建立安全的通信通道。这一过程不仅保障了系统的安全性，而且为后续功能提供了可靠的用户身份信息。

（二）成员管理

成员管理是用户权限管理的核心环节之一，涉及对系统中所有成员信息的录入、修改、删除和查询。通过成员管理功能，系统管理员可以添加新成员、编辑成员信息、禁用或删除不再需要访问系统的成员。此外，该功能还支持对成员信息的分类和组织，以便更有效地进行管理。每个成员的基本信息包括用户名、密码、联系方式等，确保系统具备准确而完整的用户数据库。

（三）角色管理

为了更好地组织和控制用户，系统引入了角色的概念。角色是一组相似职责和权限的用户集合，通过将用户划分为不同的角色，可以更精确地进行权限管理。角色管理功能允许系统管理员创建、编辑和删除各种角色，确保每个角色都与组织的实际业务需求相匹配。每个角色都有一个唯一的标识符，以及描述其职责和权限的详细信息。

系统管理员可能拥有对整个系统的最高权限，包括所有功能和数据的访问权限；而普通管理员能访问与其部门相关的信息和功能；普通员工只能进行特定的数据查看和部分操作。通过这种方式，系统管理员可以确保每个员工都具有必要的操作权限，同时避免了信息的滥用和泄露。

（四）角色权限设置

角色权限设置是用户权限管理中的关键环节之一。在该功能中，系统管理员可以为每个角色分配具体的权限，以定义其可以执行的操作范围。这包括对系统功能的访问权限、数据的操作权限等。通过灵活的角色权限设置，管理员可以实现对用户进行细粒度的控制，确保每个用户都只能执行其职责范围内的操作。这一功能的合理运用有助于提高系统的安全性和管理的便捷性。

通过用户权限管理模块，系统管理员可以创建不同的角色，如系统管理员、普通管理员、部门成员等，然后为每个角色分配相应的权限。

（五）菜单管理

菜单管理功能负责维护系统的菜单结构，确保用户在系统中能够清晰、直观地找到需要的功能模块。管理员可以通过菜单管理功能调整菜单的显示顺序、新增或删除菜单项，以满足组织的实际需求。每个菜单项都与特定的功能或操作相关联，通过菜单的合理管理，用户可以更迅速地找到需要的功能，提高系统的易用性和用户体验。

总体而言，用户权限管理模块的设计综合考虑了安全性和灵活性，以满足不同组织的需求。在操作层面，用户权限管理的每个功能都经过精心设计，确保用户可以方便地进行各种管理操作。在系统架构层面，采用了先进的身份验证、加密和访问控制技术，为用户权限提供了坚实的安全保障。通过用户登录、成员管理、角色管理、角色权限设置及菜单管理等五大功能，全面满足了组织对用户管理的各项需求。其设计理念在于保障系统安全性的同时，注重其灵活性和易用性，为各类组织提供了一套可靠的用户权限管理解决方案。

二、审核检查信息维护

审核检查信息维护模块包括单位信息维护、检查类别管理、检查项目管理、审计要点管理及评分方法管理等五大功能。通过这一模块，系统管理员能够高效地维护关键的审核检查信息，确保数据的准确性和全面性，为组织提供可靠的业务支持。

（一）单位信息维护

审核检查信息维护中的单位信息维护涵盖了多个关键内容。首先，包括单位名称，这是单位的唯一标识，确保在系统中具备唯一性和辨识性。其次，单位类别是指公司或煤矿所属的类型，如矿业公司、煤矿企业等，有助于对单位进行分类和组织。层级关系是指所属公司的层级结构，通过定义上下级关系，实现公司和煤矿之间的层次关系，方便管理和组织。煤矿类型用于进一步细分煤矿的特性，如井下煤矿、露天煤矿等，有助于更详细地了解各个煤矿的特点。最后，单位简介包括对公司或煤矿的简要介绍，为系统用户提供基本背景信息。这些信息的维护为系统提供了全面而清晰的公司和煤矿信息，为审核检查提供了基础数据支持。

（二）检查类别管理

为了更好地组织和分类审核检查，引入了审计检查类别的概念。该功能允许系统管理员创建、编辑和删除不同的审计检查类别，针对公司、井工、露天分别定义对应的检查分类名称、分类得分。通过分类管理，可以更有序地进行审核检查的规划和执行。每个类别都有一个独特的标识符，以及描述其范围和特点的详细信息。

（三）检查项目管理

检查项目是审核检查的核心内容，而检查项目管理则是指维护这些项目的相关信息。系统管理员可以通过该功能添加、编辑和删除各类检查项目，确保每个项目都具有清晰的定义和明确的操作步骤。每个检查项目都与特定的审计检查类别相关联。

（四）审计要点管理

审计要点的定义和管理直接关系到审计的质量和效果。在这一功能中，系统管理员可以维护审计的要点，明确在审计中需要关注和讨论的事项。每个审计要点都与特定的检查项目或审计检查类别相关，以确保在审计中能够全面覆盖审核检查的各个方面。

（五）评分方法管理

为了对审核检查结果进行科学评估，评分方法管理功能被引入系统中。管理员可以定义和维护不同的评分方法，确保对不同的检查项目和审计检查类别采用合适的评分标准。每种评分方法都包括分数的划分、评估标准以及与具体检查项目相关的说明。这一功能的合理运用有助于提高评分的客观性和一致性。

审核检查信息维护模块作为系统功能的重要组成部分，通过单位信息维护、检查类别管理、检查项目管理、审计要点管理及评分方法管理等五大功能，为组织提供了全面的审核检查支持。其设计理念在于保障信息的安全性和全面性，注重提高操作的效率和智能化水平。

三、审计任务管理

审计任务管理模块包括审计单位分组管理、审计小组任务下发管理、审计组员任务下发管理、审计组员填报管理及审计任务结果查询等五大功能。通过这一模块，系统管理员能够高效地组织和监督审计任务的执行，确保评估的客观性和公正性。

（一）审计单位分组管理

审计单位分组管理是审计任务管理的基础，它涉及将审计单位进行合理的分组，以便更有效地组织和分配审计任务。通过该功能，系统管理员可以创建、编辑和删除不同的审计单位分组。每个分组都有一个唯一的标识符，以及详细的描述，以便在任务分配和结果查询时进行准确定位。

（二）审计小组任务下发管理

审计小组是审计任务执行的基本单元，而任务下发是审计任务的启动。在审计小组任务下发管理功能中，系统管理员可以为不同的审计小组分配具体的审计任务，包括任务名称、执行时间、相关审计单位分组等信息。该功能还支持对任务的优先级、重要性等进行设置，以确保任务的有序执行。

（三）审计组员任务下发管理

审计组员是审计小组中具体执行任务的成员，而审计组员任务下发管理功能则负责为每个组员下发具体的任务。管理员可以根据组员的职责和专业领域，合理分配任务，确保每个组员执行的任务与其能力和责任相匹配。任务下发管理还包括任务的详细说明、截止时间、关联文件等信息，以确保组员充分理解和完成任务。

（四）审计组员填报管理

审计组员在执行检查任务后，需要对任务进行填报管理。审计组员填报管理功能提供了一个便捷的平台，让组员能够对执行过程、遇到的问题、解决方案等进行详细的填报。系统管理员可以根据填报的内容对组员的执行情况进行全面了解，为后续的审计评估提供充分的数据支持。

（五）审计任务结果查询

审计任务结果查询是整个审计任务管理的闭环，它为系统管理员提供了一条方便快捷的途径，查询和分析审计任务的执行结果。管理员可以根据不同的维度，如审计小组、审计单位分组等，查询任务的完成情况、问题反馈、得分等信息。这一功能还支持导出报表，以方便管理层全面了解组织的绩效和问题点。

审计任务管理模块作为系统功能的重要组成部分，通过审计单位分组管理、审计小组任务下发管理、审计组员任务下发管理、审计组员填报管理及审计任务结果查询等五大功能，为组织提供了全面的审计任务管理解决方案。其设计理念在于平衡安全性和公正性，注重提高管理效率和灵活性。

四、文章资讯管理

在信息爆炸时代，有效地管理和传播资讯对于组织和用户之间的信息交流至关重要。为了更好地支持资讯的组织、发布和管理，系统设计了全面的文章资讯管理模块，包括栏目管理和资讯内容管理两大功能。通过这一模块，系统管理员能够高效而灵活地管理资讯的结构和内容，为用户提供丰富、有价值的信息。

（一）栏目管理

栏目管理是资讯管理的基础，涉及对资讯进行合理的分类和组织。通过该功能，系统管理员可以创建、编辑和删除不同的资讯栏目，如新闻、行业动态、科技趋势等。每个栏目都有一个独特的标识符，以及详细的描述，以便用户能够清晰地了解栏目的内容和定位。栏目管理还支持对栏目的排序和显示设置，以便用户能够更便捷地查阅感兴趣的资讯。

1. 多级栏目结构

为了更好地组织和呈现资讯，栏目管理通常支持多级栏目结构。管理员可以在栏目下创建子栏目，形成层级关系，使得资讯能够更有层次地展示。这种多级结构有助于用户更快速地找到自己感兴趣的资讯内容，提高信息的查阅效率。

2. 栏目图标和样式设置

为了使资讯栏目更加直观和吸引人，栏目管理通常还包括栏目图标和样式设置。管理员可以为每个栏目选择适合的图标，以便用户通过视觉快速辨认不同栏目。同时，样式设置允许管理员对栏目的颜色、字体等进行调整，以使整体页面更加美观和统一。

3. 栏目订阅和推送

为了提高用户对资讯的关注度，栏目管理还可以支持栏目订阅和推送功能。用户可以选择订阅感兴趣的栏目，系统将根据用户的订阅情况向其推送相关资讯。这种个性化的推送有助于提高用户体验，使用户更容易获取自己关心的内容。

（二）资讯内容管理

资讯内容管理是资讯管理的核心，它包括发布、编辑、删除等一系列对资讯内容进行管理的功能。通过资讯内容管理，系统管理员可以轻松地创建新资讯、编辑已有资讯的内容，甚至删除过期或不再需要的资讯。每条资讯都包括标题、作者、发布时间、内容等关键信息，以便用户能够全面了解资讯的来源和内容。

1. 富文本编辑器

为了提供更丰富和灵活的资讯编辑体验，资讯内容管理模块通常会集成富文本编辑器。富文本编辑器支持文字的格式化、插入图片、添加超链接等功能，使得管理员在编辑资讯时能够更加直观地操作，提供美观且富有表现力的资讯内容。这种编辑器通常支持所见即所得的编辑方式，使得管理员无须了解复杂的 HTML 代码即可完成资讯的编辑工作。

2. 版本控制和历史记录

为了保障资讯内容的完整性和安全性，资讯内容管理还通常包括版本控制和历史记录功能。版本控制能够记录每次对资讯内容的修改，形成不同的版本。管理员可以方便地比较不同版本之间的差异，回溯到历史的某个版本。历史记录则详细记录了每次的修改操作，包括修改人、修改时间等信息，以便管理员了解资讯的修改历程。

3. 资讯标签和关键词管理

为了更好地组织和检索资讯，资讯内容管理还支持资讯标签和关键词管理。管理员可以为每条资讯添加标签，标明资讯所属的主题或分类。这样，用户在查阅资讯时，可以通过标签进行快速过滤和检索。同时，关键词管理也有助于提高资讯在搜索引擎中的可见性，使得用户更容易找到相关的信息。

资讯管理模块作为系统功能的重要组成部分，通过栏目管理和资讯内容管理等功能，为组织提供了高效而灵活的资讯发布和管理平台。其设计理念在于提高信息的组织性和可访问性，同时关注用户体验和信息安全。

五、移动终端应用

移动终端应用是现代信息管理系统中不可或缺的一部分，它通过提供灵活的、便捷的移动端服务，使用户能够随时随地获取系统功能。本系统的移动终端应用包括资讯浏览模块、用户登录及权限分配模块及审计任务填报模块，以满足用户在移动设备上的信息获取、用户管理和任务填报的需求。

（一）资讯浏览模块

1. 移动终端优化界面

资讯浏览模块是移动终端应用的核心功能之一。在设计移动终端应用时，首要考虑的是界面的优化，以适应不同尺寸和操作方式的移动设备。采用响应式设计和移动优化布局，确保用户在手机和平板等设备上都能够流畅地浏览资讯内容。

2. 离线浏览功能

考虑到用户可能处于无网络或弱网络环境下，资讯浏览模块还应该具备离线浏览功能。用户可以在有网络时将感兴趣的资讯保存至本地，之后在没有网络的情况下仍能够方便地查看。这种功能提高了移动终端应用的可用性，使用户能够随时随地获取所需信息。

3. 实时消息推送

为了让用户第一时间获取到重要的资讯，资讯浏览模块通常集成实时消息推送功能。通过推送通知，系统能够将新的资讯、重要通知等信息及时地送达给用户。这种实时消息推送使用户能够保持对最新信息的敏感性，提高了移动终端应用的实用性。

（二）用户登录及权限分配模块

1. 安全登录机制

用户登录及权限分配模块是移动终端应用的基础功能之一。在设计登录机制时，系统需要确保用户的账户信息和登录状态的安全性。采用安全的加密算法和双因素认证等手段，防止恶意登录和信息泄露。

2. 多级权限控制

移动终端应用的用户权限控制需要与系统后台的权限管理相一致。系统管理员可以根据用户的职责和需要，分配不同级别的权限。例如，高级管理人员可能具有更多的系统操作权限，而普通用户只能进行信息浏览和简单的操作。这种多级权限控制保障了系统的安全性和用户的合理使用。

3. 用户信息管理

用户登录及权限分配模块还包括用户信息管理功能。用户可以在移动端应用中查看和编辑个人信息，如姓名、联系方式等。系统管理员也可以通过后台管理界面对用户信息进行维护。这种用户信息管理功能有助于提高系统的个性化服务水平。

（三）审计任务填报模块

1. 移动端任务管理的重要性

在移动端应用中，审计任务填报模块为用户提供方便快捷的任务填报功能，使任务管理更加高效和灵活。

2. 任务列表和详情查看

审计任务填报模块首先需要提供清晰而直观的任务列表，用户可以在移动设备上轻松查看所有分配给他们的任务。任务列表应包括任务的基本信息，如任务名称、截止时间等。通过点击任务，用户可以进入任务详情页面，查看任务的详细说明、要求和相关文件。

3. 任务填报和提交

在任务详情页面，用户可以使用移动端应用提供的任务填报表单填写相关信息。这可能包括任务执行进度、遇到的问题、完成情况等。填报表单的设计需要简洁而功能齐全，以方便用户快速而准确地提交任务报告。提交后，系统应提供相应的反馈，告知用户提交是否成功，并在后台进行数据同步。

4. 图片和附件上传

在一些审计任务中，用户可能需要上传照片、文件等附件，以支持任务的填报。移动端应用的任务填报模块应支持用户方便地拍摄照片或选择本地文件进行上传。这种功能对于需要实地考察或提供相关证明材料的任务尤为重要。

5. 实时任务进度跟踪

为了让用户能够实时了解任务的进展情况，审计任务填报模块通常会提供实时任务进度跟踪功能。用户可以查看任务的当前状态、执行进度和可能存在的问题。这种实时的任务跟踪有助于提高任务管理的透明度和效率。

6. 任务审批和反馈

一些任务可能需要经过审批流程，移动终端应用的审计任务填报模块应该支持任务审批功能。用户可以查看任务的审批状态，并在需要时提供相关的反馈。审批通过后，会相应更新任务的状态，用户可以继续执行后续操作。

移动终端应用模块在现代信息管理系统中是连接用户与系统的桥梁，通过提供资讯浏览、用户登录与权限分配、审计任务填报等功能，用户能够随时随地方便地获取信息、管理任务。在设计和开发中，注重用户体验、安全性、数据保护和未来发展趋势，是确保移动终端应用长期有效运作的关键因素。

第三节　系统开发

煤矿安全审计信息系统功能模块包括用户权限管理、审核检查信息维护、审计任务管理、文章资讯管理及移动终端应用，每个模块都扮演着关键的角色，共同构建了一个强大而灵活的系统框架。

首要的是用户权限管理模块。作为系统的门户，其设计注重用户体验和权限安全。用户登录、成员管理、角色管理、角色权限设置及菜单管理构成了一个完整的用户权限控制体系，确保用户在系统中的操作既便捷又安全。这一模块不仅为系统管理员提供了灵活的权限分配手段，而且为普通用户提供了个性化、可定制的工作环境。

其次是审核检查信息维护模块。其致力于建立和维护组织或企业的基本信息和审核检查体系。单位信息维护、检查类别管理、检查项目管理、审计要点管理及评分方法管理等功能共同构建了一个系统性、科学性的审核检查流程，为组织提供可靠的管理工具。

审计任务管理模块是系统中注重绩效和质量管理的核心。通过审计单位分组管理、审计小组任务下发管理、审计组员任务下发管理、审计组员填报管理及审计任务结果查询等功能，系统构建了一个全面而高效的审计任务体系。这一模块的设计使得任务的分发、执行、填报和评估变得更加有序、迅速。

文章资讯管理模块为组织提供了一个信息传递和沟通的平台。栏目管理和资讯内容管理等功能使得信息的发布、分类和查阅变得更加便捷。这一模块不仅是内部沟通和知识分享的工具，而且为组织外部提供了信息展示的窗口，提升了组织的对外形象。

移动终端应用模块作为现代信息管理系统不可或缺的一部分，通过资讯浏览模块、用户登录及权限分配模块及审计任务填报模块，使用户能够随时随地方便地获取信息、管理任务。这一模块的设计考虑了移动性和便捷性，为用户提供了高效的移动工作体验。

通过以上 5 个功能模块，本系统将提供一个高度集成和协同的信息管理平台。用户权限得以精准控制，审核检查和任务管理得以科学实施，文章资讯管理模块和移动终端应用模块使得信息的传递和获取变得更加灵活和高效。在不断发展的信息时代，这个系统将为组织和企业提供一站式的信息管理解决方案。

一、用户权限管理

用户权限管理是系统开发的核心，包括用户登录、成员管理、角色管理、角色权限设置和菜单管理。用户登录提供安全的身份验证，确保合法用户访问系统。成员管理实现对组织成员信息的灵活维护，包括添加、更新和删除成员。角色管理为系统管理员提供了角色的创建和维护功能，方便权限的集中管理。角色权限设置允许管理员为每个角色分配特定的权限，确保用户在系统中的操作符合其职责。菜单管理则使系统界面更具用户友好性，可以根据用户角色的不同进行定制，提高系统的易用性。通过这一模块的有效设计，系统能够实现对用户权限的精准控制，保障信息安全和操作合规性。

（一）用户登录

在系统开发的用户权限管理中，用户登录开发流程包括用户输入用户名和密码，系统进行身份验证，验证通过后进入系统。为增加安全性，采用了双因素认证，用户需输入验证码。在图 5-3 中，用户登录界面清晰展示了用户名、密码和验证码输入框，通过直观的设计引导用户快速完成登录。

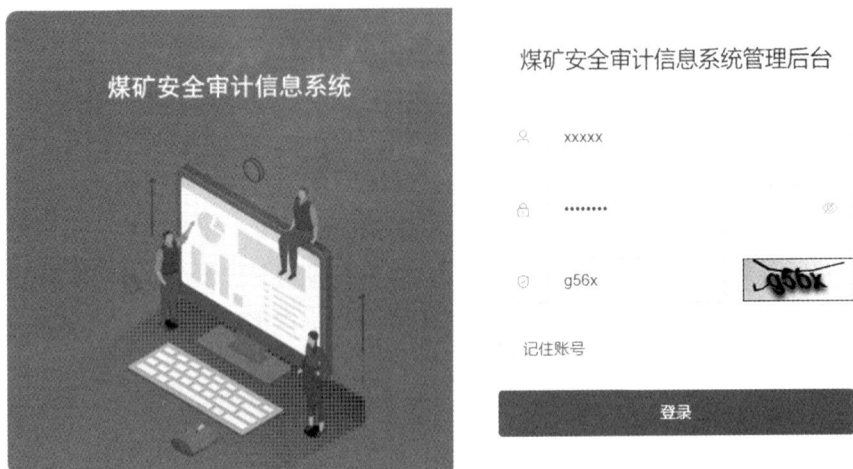

图 5-3　用户登录

（二）成员管理

在系统开发中，成员管理开发流程涵盖了成员信息的添加、更新和删除。管理员通过输入成员信息，包括姓名、归属部门、岗位、角色等，完成添加和更新操作，开发界面如图 5-4、图 5-5 所示。图中展示了成员信息的输入框和相关操作按钮，用户可以通过简单的操作完成对成员信息的管理。

图 5-4　成员管理

图5-5 成员新增与编辑管理

（三）角色管理

在系统开发中，角色管理开发流程包括管理员创建和维护角色。管理员通过输入角色名称和描述，完成新角色的创建。对已存在的角色，系统提供了编辑和删除功能。开发界面如图5-6所示，用户可以通过简单的操作对角色进行管理，管理员能够轻松地管理系统中的各种角色，确保权限的集中管理和合规性。

图5-6 角色管理

(四) 角色权限设置

在用户权限管理的角色权限设置部分，管理员可以通过输入角色名称，查看该角色的当前权限设置，并进行修改。开发流程包括选择需要修改的角色、查看当前权限、进行权限调整，最后保存变更。界面设计如图 5-7 所示，用户通过勾选和操作即可完成权限设置，确保管理员能够灵活地调整不同角色的权限，实现精准而安全的权限控制。

图 5-7　角色权限设置

(五) 菜单管理

系统的用户权限管理中，设计了简单而灵活的菜单管理流程。管理员可以通过输入菜单名称、链接和权限等信息，完成新菜单的添加。对已存在的菜单，系统提供了编辑和删除功能。开发流程包括创建新菜单、编辑现有菜单和删除不需要的菜单。开发界面如图 5-8 所示，管理员能够维护系统菜单结构，实现系统界面的个性化定制。

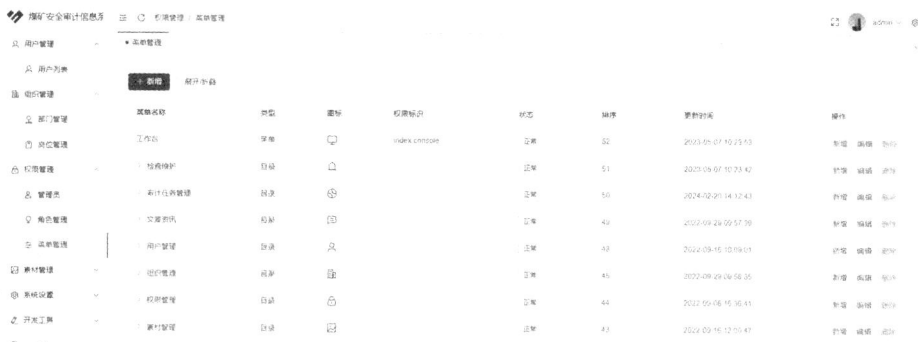

图 5-8 菜单管理

二、审核检查信息维护

审核检查信息维护模块包括单位信息维护、检查类别管理、检查项目管理、审计要点管理及评分方法管理。单位信息维护目的是确保组织基本信息的准确性和及时性。检查类别管理允许对不同类型的审计检查进行分类和管理。检查项目管理、审计要点管理及评分方法管理则为具体的审核检查过程提供了详细的管理和指导，以确保审核检查的科学性和有效性。

（一）单位信息维护

单位信息维护的开发流程包括管理员输入和更新单位的基本信息，如单位名称、是否公司、所属公司、煤矿类型、单位介绍等。管理员可以通过简单的表单操作完成信息的维护。开发界面如图 5-9、图 5-10 所示，管理员可以通过直观的界面完成信息的添加和修改，实现对单位信息的灵活维护，为审核检查提供可靠的基础数据支持。

图 5-9 单位信息维护

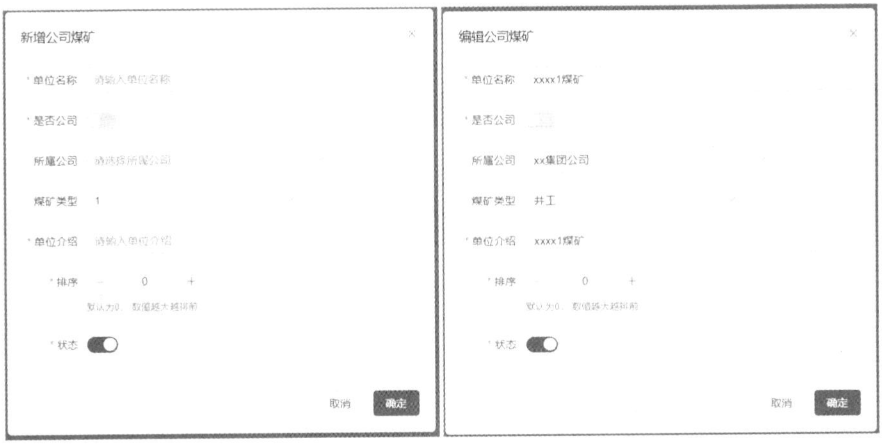

图 5-10　新增与编辑单位信息

（二）检查类别管理

通过选择类别管理菜单进入审核检查信息维护的检查类别列表界面，可以进行新增和编辑操作。选择检查单位类别如公司、井工、露天等，填写检查类别名称以及分类得分，点击"确定"完成提交操作。开发界面如图 5-11 与图 5-12 所示。

图 5-11　检查类别管理

（三）检查项目管理

在审计检查项目管理模块中，用户选择检查分类后，填写项目名称并提交，实现新增或编辑操作。操作流程简单明了，用户友好。开发界面如图

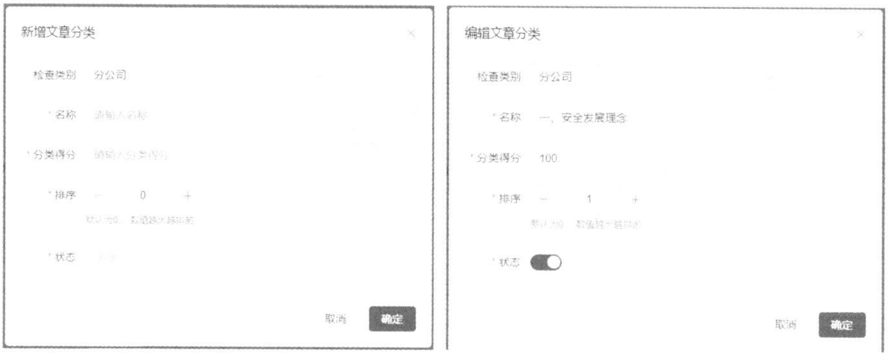

图 5-12　新增与编辑检查类别管理

5-13、图 5-14 所示，提供直观的检查分类选择和项目名称输入，确保用户轻松完成审计检查项目的维护。

图 5-13　检查项目管理

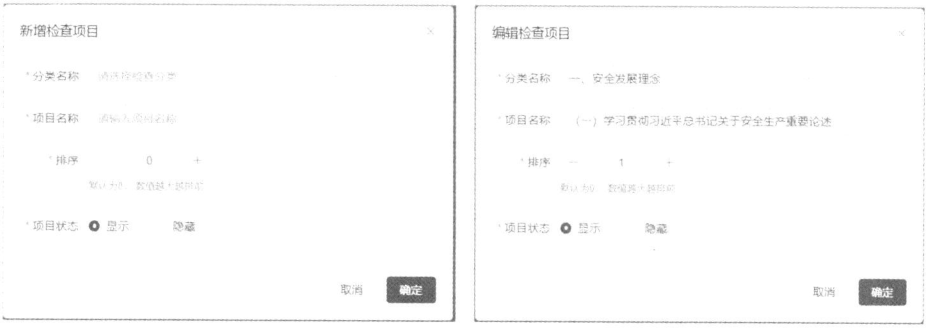

图 5-14　新增与编辑检查项目管理

（四）审计要点管理

在审核检查信息维护的审计要点部分，管理员可以通过选择检查分类、检查项目，填写审计要点与审计方法，选择重要程度，并填写分值，完成审计要点的添加和维护。开发界面如图 5-15、图 5-16 所示。

图 5-15　审计要点管理

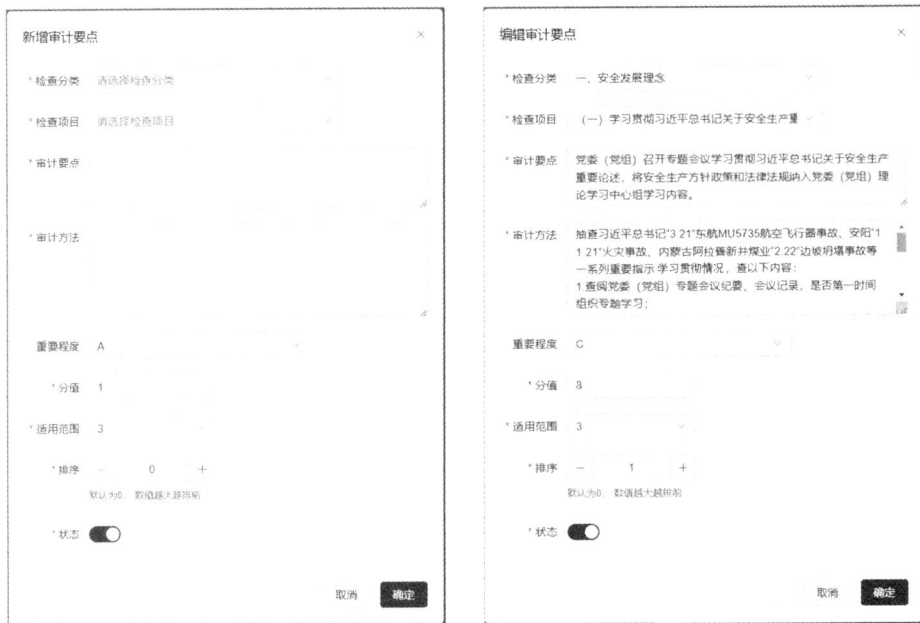

图 5-16　审计要点新增与编辑管理

（五）评分方法管理

评分方法管理主要是为了明确每条审计要点对应的审计内容、评分方法以及扣分值等。管理员可以通过选择检查分类、检查项目、审计要点，输入评分方法以及扣分值，点击"确定"提交操作。开发界面如图 5-17、图 5-18 所示，系统将为用户提供灵活而可靠的评分方法管理功能，为审核检查提供翔实的评分支持。

图 5-17　评分方法管理

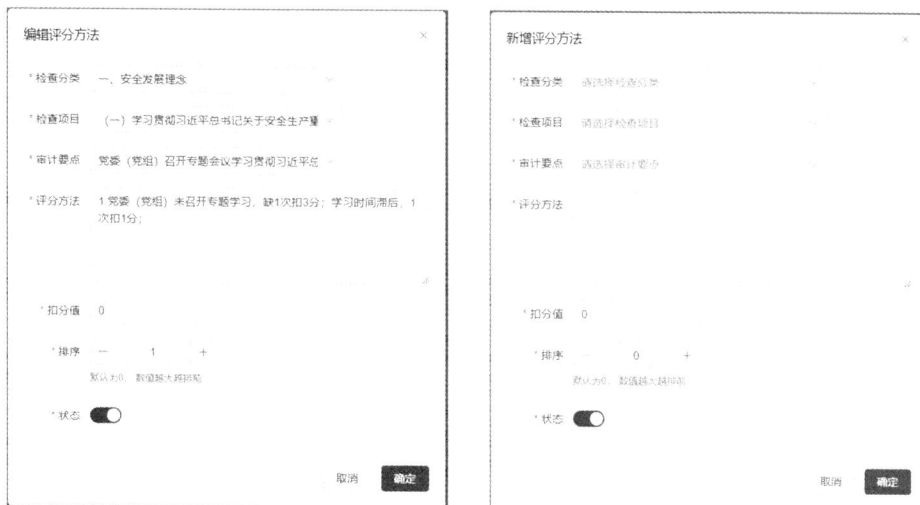

图 5-18　评分方法新增与编辑管理

三、审计任务管理

在系统开发的审计任务管理部分，我们致力于构建一个全面而高效的考核体系。该模块包括审计单位分组管理、审计小组任务下发管理、审计组员任务下发管理、审计组员填报管理及审计任务结果查询。通过审计小组任务下发管理和审计组员任务下发管理，系统实现了任务的有序分发和执行。审计组员填报管理模块使得审计组员能够便捷地提交审计结果。最后，审计任务结果查询模块为管理层提供了实时的、全面的审计结果查阅功能，提高审计任务的执行效率和结果的准确性，为组织的绩效管理提供有力支持。

（一）审计单位分组管理

在系统的审计任务管理中，审计单位分组管理是后续步骤的基础，管理员可以通过输入分组名称和相关信息，完成新的审计单位分组的创建和维护。开发流程包括选择需要管理的分组、编辑分组信息，以及删除不需要的分组。管理员可以通过选择单位名称、组长姓名、小组成员，输入小组名称、电话号码等信息，点击"确定"提交操作。开发界面如图 5-19、图 5-20 所示。

图 5-19　审计单位分组管理

（二）审计小组任务下发管理

在系统的审计小组任务管理中，可以指定审计小组名称下发小组任务。管理员可以通过选择计划检查的煤矿名称、检查单位、相应的检查表明细及检查小组，输入任务名称、下发单位等信息，点击"确定"提交操作。开发界面如图 5-21、图 5-22 所示。

（三）审计组员任务下发管理

检查小组中每个成员负责多个检查类别的项目检查，在创建审计小组任务下发记录之后，需要对组员下发相应的审计任务。管理员可以通过选择已创建

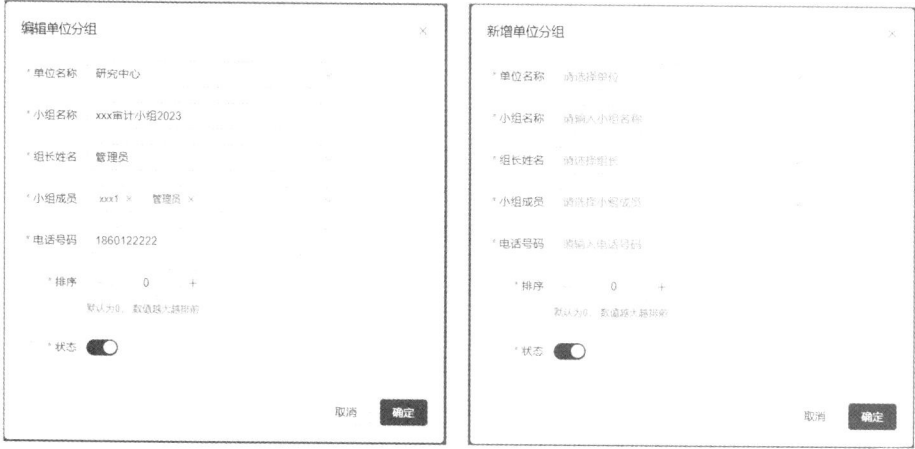

图 5-20 审计单位分组新增与编辑管理

图 5-21 审计小组任务下发管理

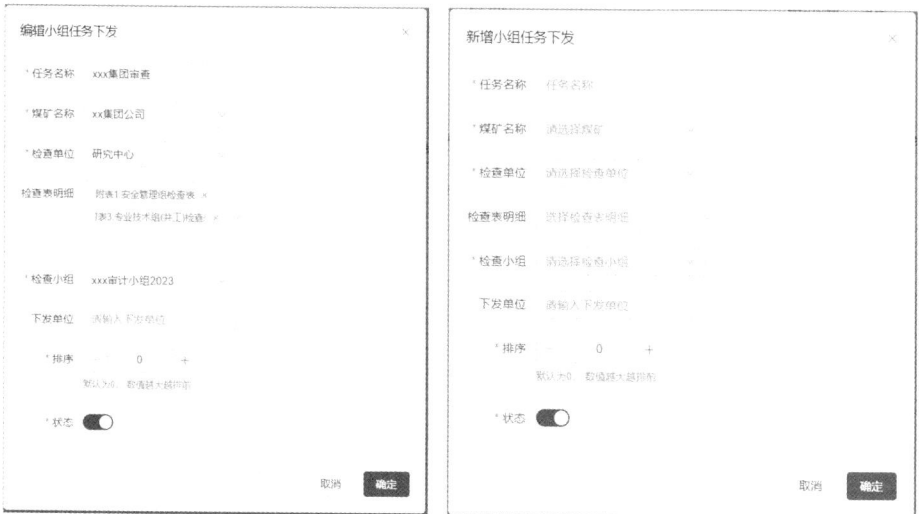

图 5-22 审计小组任务下发新增与编辑管理

的任务名称、附表中的类别、检查人员，输入检查小组、完成对组员任务的下发。开发界面如图 5-23、图 5-24 所示。

图 5-23　审计组员任务下发管理

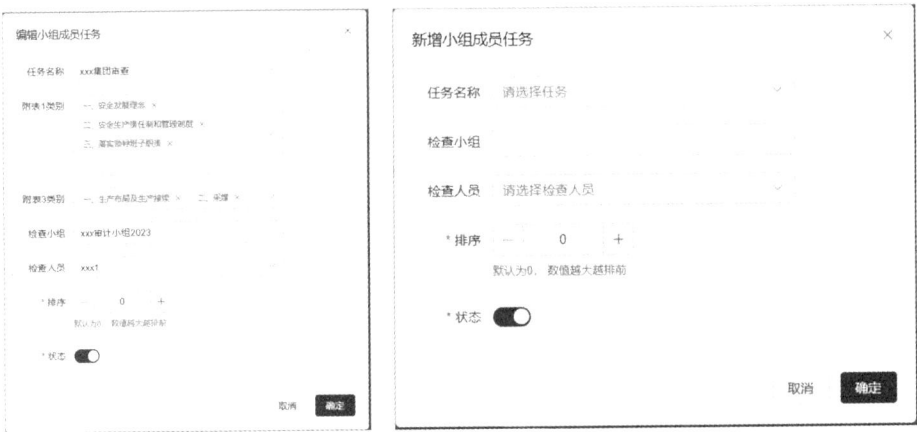

图 5-24　审计组员任务下发新增与编辑管理

（四）审计组员填报管理

审计组员填报管理是审计任务管理当中最常用的功能模块。检查小组成员从列表当中能够看到每条检查项目的得分、扣分及完成情况。检查组员通过点击填报项的编辑按钮，弹出编辑审计填报窗口。打开"扣分"开关，并在扣分选项中勾选相应的扣分项，每一个扣分选项可以提交多条隐患描述及扣分值。如果有现场检查照片，可以点击图片上传图标，上传相关的现场检查照片，最后点击"确定"提交操作。开发界面如图 5-25、图 5-26 所示。

图 5-25　审计组员填报管理

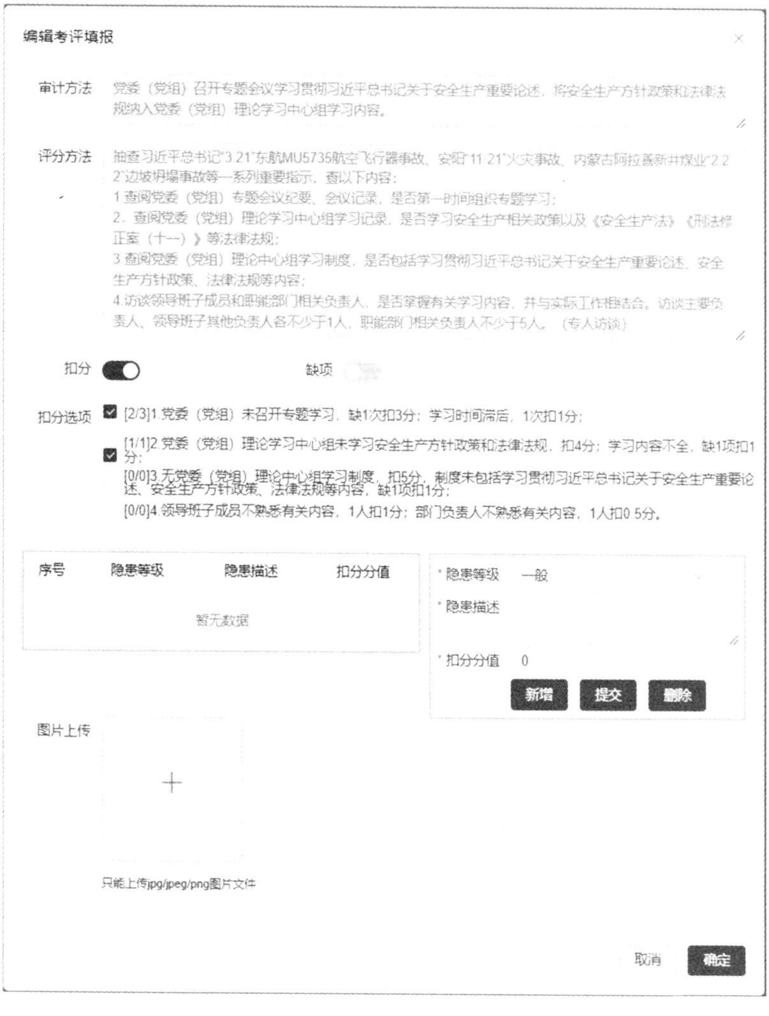

图 5-26　审计组员填报详情

（五）审计任务结果查询

审计小组成员完成全部审计项目填报之后，可以在审计任务结果查询模块中查询结果。查询结果包括任务名称、完成状态、附表1~附表3中相应的检查分类内容，以及得分情况，开发界面如图5-27所示。

图 5-27　审计任务结果查询

四、文章资讯管理

在系统的文章资讯管理部分，我们着重构建了一个简洁而功能强大的模块。文章资讯管理包括栏目管理和资讯内容管理。栏目管理允许管理员轻松创建、编辑和删除不同栏目，为信息分类提供灵活性。资讯内容管理使管理员能够方便地发布、编辑和删除各类资讯内容，确保信息的及时性和准确性。文章资讯管理为管理员提供高效的资讯管理工具，使其能够迅速而灵活地维护系统中的文章和资讯内容。通过这一模块的开发，系统将实现对文章资讯的便捷管理，为用户提供更丰富和及时的信息服务。

（一）栏目管理

在文章资讯管理的栏目管理部分，管理员可以通过选择创建新栏目、编辑已存在栏目和删除不需要的栏目，完成对栏目的管理。开发流程包括选择栏目操作、进行编辑或删除操作，最后确认变更。开发界面如图5-28、图5-29所示。

（二）资讯内容管理

在文章资讯管理的资讯内容管理部分，管理员可以通过选择发布新资讯、编辑已存在资讯和删除不需要的资讯，完成对资讯内容的管理。开发流程包括选择资讯操作、进行编辑或删除操作，最后确认变更。开发界面如图5-30、

图 5-28 栏目管理

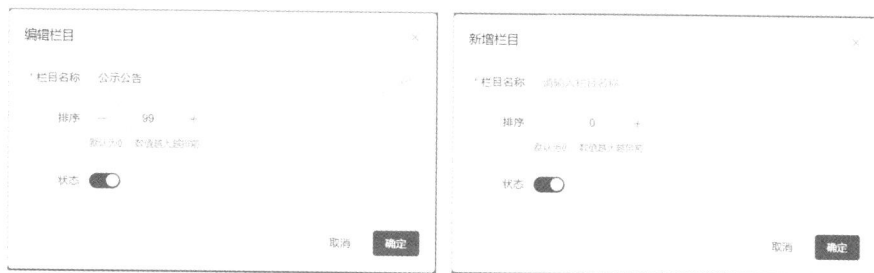

图 5-29 新增与编辑栏目管理

图 5-31 所示，管理员能够轻松地发布和维护系统中的资讯，确保信息的及时性和准确性。通过这一模块的开发，系统将为用户提供直观、高效的资讯内容管理功能，提升文章资讯的发布效能。

图 5-30 资讯内容管理

五、移动终端应用

移动终端应用包括资讯浏览模块、用户登录及权限分配模块和审计任务填报模块。资讯浏览模块为用户提供了随时随地浏览最新资讯的便利方式，用户

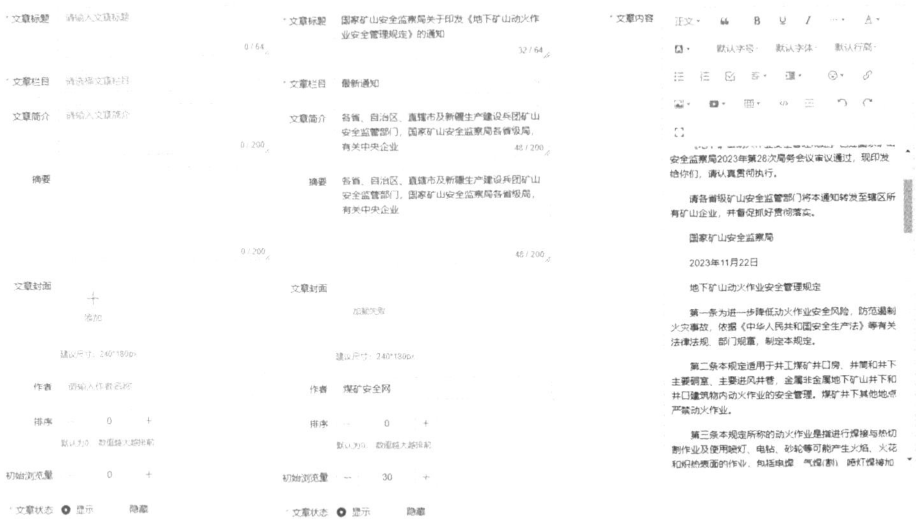

图 5-31　新增与编辑资讯内容管理

可以通过移动设备获取实时信息。用户登录及权限分配模块实现了灵活的用户身份验证和权限管理，确保信息安全。审计任务填报模块允许用户在移动设备上完成任务的填报，提高任务执行效率。移动终端应用的设计为用户提供便捷、高效的移动工作体验，满足在不同场景下的信息浏览和任务处理需求。

（一）资讯浏览模块

在系统的移动终端应用中，资讯浏览模块为用户提供友好、高效的资讯浏览体验。用户通过打开移动应用，进入资讯浏览模块，可以轻松浏览最新的文章和资讯。开发流程包括用户打开应用、选择资讯浏览模块、系统呈现用户最新的资讯列表。用户可以通过滑动屏幕或点击相关标签进行浏览。开发界面如图 5-32 所示，清晰展示了资讯列表和相关操作按钮，用户可以通过简单的手势完成对资讯的浏览，随时随地获取到最新的资讯内容，提升信息传递的实时性和便捷性。

（二）用户登录及权限分配模块

在系统的移动终端应用中，通过用户登录及权限分配模块可以实现安全、灵活的用户身份验证和权限管理。用户首先打开应用，进入登录界面，在输入有效的用户名和密码后，系统进行身份验证。验证成功后，用户进入应用的主界面。权限分配模块允许管理员在后台为不同用户分配不同的权限，以确保信

图 5-32 移动终端资讯浏览模块界面

息的安全性和合理使用。开发流程包括用户输入登录信息、系统进行验证、成功后进入主界面。管理员通过后台界面进行权限分配。开发界面如图 5-33 所示，通过这一模块的开发，系统将为用户提供安全、高效的登录及权限管理功能，满足不同用户的需求。

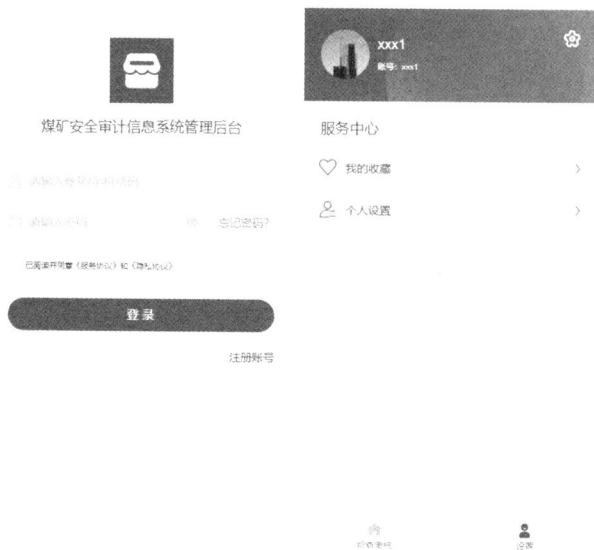

图 5-33 用户登录及权限分配模块

（三）审计任务填报模块

移动终端应用中的审计任务填报模块功能与后台管理系统中的审计任务填报模块功能类似，在操作方式方面按照移动终端操作方式进行了大量的优化，同时将填报结果和后台管理系统同步，实现多端数据同步操作的效果，开发界面如图5-34所示，这一流程和界面的设计使用户能够在移动设备上方便地完成审计任务的填报工作，提升任务执行效率，为用户提供直观、高效的审计任务填报功能，使任务填报更加灵活和便捷。

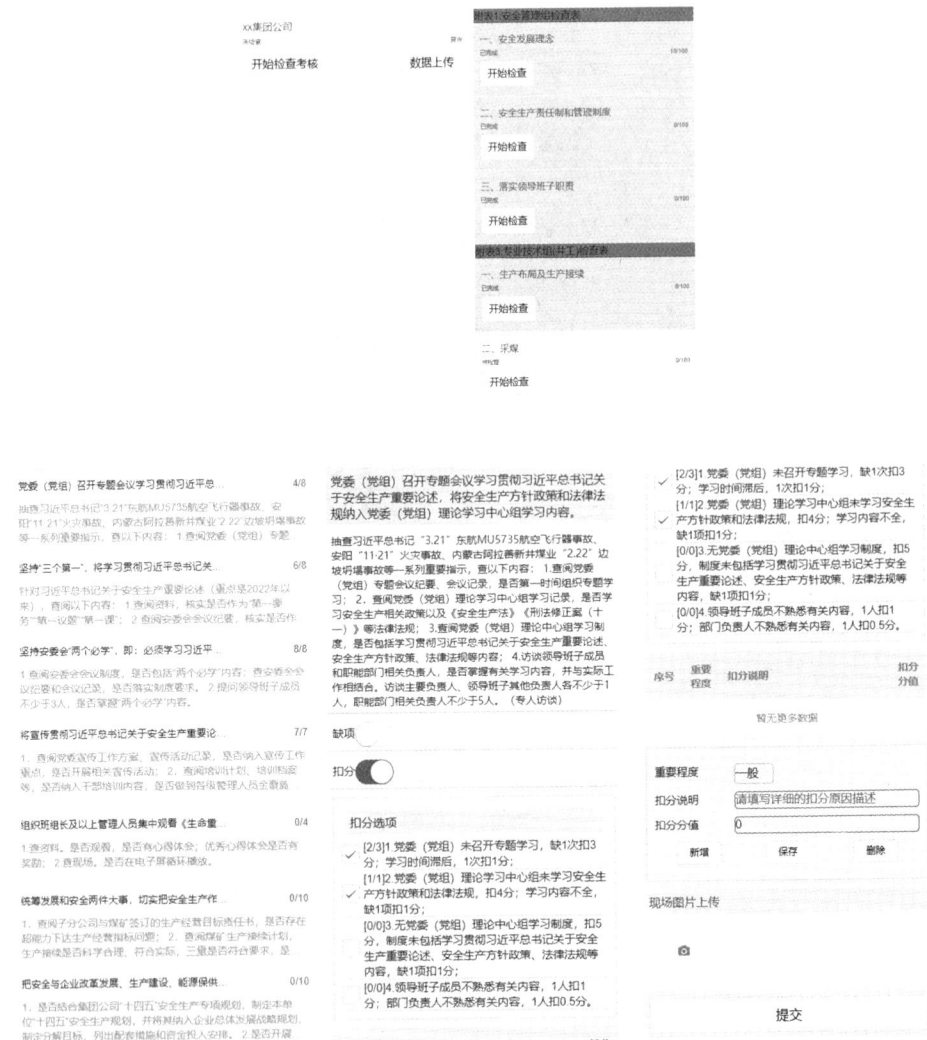

图5-34　审计任务填报模块

第六章

煤矿安全审计案例

2023 年，国内某大型煤炭企业集团拟对其下属二级公司及所属 1 处露天煤矿、1 处井工煤矿开展煤矿安全审计，委托第三方机构组织开展。

第一节 审计准备示例

一、审计前调研示例

（一）政策法规和标准规范调研（见表 6-1）

表 6-1 法律法规、标准规范统计表

序号	名称	发布部门	制发日期
一、习近平总书记关于安全生产重要论述			
1	习近平对内蒙古阿拉善新井煤业"2·22"边坡坍塌事故指示		
2	习近平对山西永聚煤矿"11·16"重大火灾事故指示		
⋮	…		
二、相关法律			
2	《中华人民共和国安全生产法》	全国人民代表大会常务委员会	2021-06-10
3	《中华人民共和国刑法修正案（十一）》		2021-03-01
⋮	…		
三、相关行政法规			
1	《生产安全事故报告和调查处理条例》	国务院	2007-04-09
2	《生产安全事故应急条例》	应急管理部	2019-02-17

表6-1（续）

序号	名称	发布部门	制发日期
⋮	…		

四、相关部门规章

1	《煤矿安全规程》	应急管理部	2022-01-06
2	《安全生产培训管理办法》	国家安监总局	2015-07-01
⋮	…		

五、相关规范性文件

1	《国家矿山安全监察局关于做好煤矿灾害情况发生重大变化及时报告和出现事故征兆等紧急情况及时撤人工作的通知》	国家矿山安监局	2023-04-03
⋮	…		

六、相关国家标准

1	《煤炭工业矿井设计规范（GB 50215—2015）》	住房和城乡建设部	2016-03-01
2	《煤矿电气设备安装工程施工与验收规范》（GB 51145—2015）》		2016-08-01
⋮	…		

七、相关行业标准

1	《煤矿在用产品安全检测检验规范 主要通风机系统（MT/T 1205—2023）》	国家矿山安监局	2023-04-10
2	《煤矿安全监控系统及检测仪器使用管理规范（AQ 1029—2019）》	应急管理部	2019-08-12
⋮	…		

八、国务院安委会、应急管理部、国家矿山安监局、国资委等部门相关文件要求

表6-1（续）

序号	名称	发布部门	制发日期
1	《矿山重大事故隐患专项排查整治2023行动实施方案》	国家矿山安监局	
2	《关于开展矿山安全生产综合整治的通知》		
3	《关于开展露天转井工开采煤矿安全生产专项整治的通知》		
⋮	…		

九、内蒙古自治区、鄂尔多斯市安全监管部门相关文件要求

序号	名称	发布部门	制发日期
1	《内蒙古自治区安全生产条例》	内蒙古自治区人民代表大会常务委员会	2022-11-23
2	《进一步加强全区露天煤矿安全管理若干措施》	内蒙古自治区人民政府	2023-04-27
3	《鄂尔多斯市煤矿冲击地压防治管理制度（试行）》	鄂尔多斯能源局	2023-12-19
⋮	…		

十、国家矿山安监局、审计委托单位有关领导安全生产重要讲话

序号	名称	发布部门	制发日期
1	2023年全国矿山安全生产工作会讲话	国家矿山安监局	
2	2023年全国矿山事故警示教育会讲话		
3	××集团主要负责人2023年安全工作会讲话	××集团	
⋮	…		

十一、审计委托单位有关安全生产重要文件

序号	名称	发布部门	制发日期
1	2023年安全生产1号文件	××集团	
2	《高风险作业安全管理指导意见》	××集团	
3	《矿长安全生产记分和全员安全积分指导意见》	××集团	
4	《安全宣教进煤矿工作实施方案》	××集团	
5	《生产安全事故内部调查处理规定》	××集团	

表6-1（续）

序号	名称	发布部门	制发日期
⋮	⋯		
十二、其他			
⋮	⋯		

（二）企业经营和安全生产基本情况调研

1. 企业概况

××公司注册成立于 2018 年 4 月，是××集团为进一步加强专业化管理，加快推进国有资本投资公司改革而组建的全资子公司，注册资本 65 亿元。2022年煤炭共计盈利 10 亿元。××公司设综合管理部、安监部、机电动力部、生产技术部等 15 个部室，公司在册员工 3900 人。其中，本部 170 人，生产单位3730 人。

2. 所属煤矿基本情况

煤矿分布及储量情况：××公司现有生产煤矿 2 处，分别为井工煤矿（180万吨/年）、露天煤矿（400 万吨/年），煤矿产能总规模 580 万吨/年。截至2022 年 12 月底，公司保有资源总储量为 4.1 亿吨，可采储量 2.2 亿吨。采掘（剥）工作面布置情况：公司所属井工煤矿现有 1 个综采工作面、2 个综掘工作面。所属露天煤矿现有 1 个剥离台阶、3 个采煤台阶。煤矿灾害情况：井工煤矿高瓦斯、无冲击地压、水文地质类型中等、Ⅰ类容易自燃煤层、煤尘具有爆炸性。露天煤矿边坡存在岩性软弱岩层，煤尘Ⅱ类自燃。煤矿近一年安全生产状况：井工煤矿 2022 年底通过国家一级标准化矿井验收公示，2022 年全年无死亡和重伤事故，轻伤事故 2 起，分别为登高作业、车辆误伤，煤矿自身排查井下失爆重大隐患 1 项，已整改销号。2022 年全年安全外部检查未发现重大隐患，一般隐患已全部整改完毕。生态环境部门下达执法文书 1 项，涉及锅炉烟气排放超标，已整改完成。露天煤矿安全生产标准化等级为二级，2022年无轻重伤和死亡事故，全年无外部罚款。

二、审计标准起草示例

审计标准由安全管理审计表、露天煤矿专业技术审计表、井工煤矿专业技术审计表、主要负责人安全管理履职尽责民主测评表、其他负责人安全管理履职尽责民主测评表、安全管理审计访谈提纲 6 项内容构成。具体见表6-2 至表6-7。

表6-2 安全管理审计表

类别	项目	审计要点	审计方法	分值	评分方法	适用范围
一、安全发展理念（100分）	（一）学习贯彻习近平总书记关于安全生产重要论述	党委（党组）召开专题会议，学习贯彻习近平关于安全生产重要论述，将安全方针政策和法律法规纳入党委（党组）理论学习中心组学习内容	抽查习近平总书记"3·21"东航MU5735航空飞行器事故、安阳"11·21"火灾事故、内蒙古阿拉善新井煤业"2·22"边坡坍塌事故等一系列重要指示学习贯彻情况，查以下内容： （1）查阅党委（党组）专题会议纪要、会议记录，是否第一时间组织专题学习。 （2）查阅党委（党组）理论学习中心组学习记录，是否学习安全生产相关政策以及《安全生产法》《刑法修正案（十一）》等法律法规。 （3）查阅党委（党组）理论学习中心组学习贯彻习近平总书记关于安全生产方针政策、安全生产重要论述，是否包括学习内容。 （4）访谈领导班子成员和职能部门相关负责人，是否掌握有关学习内容，并与实际工作相结合。访谈主要负责人、职能部门相关负责人各不少于1人，领导班子其他负责人各不少于5人。（专人访谈）	8	（1）党委（党组）未召开专题学习，缺1次扣3分；学习时间滞后，1次扣1分。 （2）党委（党组）理论学习中心组未学习安全生产方针政策和法律法规，扣4分；学习内容不全，缺1项扣1分。 （3）无党委（党组）理论学习中心组学习贯彻学习制度，扣5分；制度未包括学习贯彻习近平总书记关于安全生产方针政策、安全生产重要论述等内容，缺1项扣1分。 （4）领导班子成员不熟悉有关内容，1人扣1分；部门相关负责人不熟悉有关内容，1人扣0.5分。	公司+煤矿
	…					

表 6-2（续）

类别	项目	审计要点	审计方法	分值	评分方法	适用范围
一、安全发展理念（100分）	（二）安全理念与安全生产价值观	统筹发展和安全两件大事，切实把安全发展作为企业发展的重要前提，重要基础和重要保障	（1）查阅××公司与煤矿签订的生产经营目标责任书，是否存在超能力下达生产经营指标问题。 （2）查阅煤矿生产接续计划，符合实际，"三量"是否符合要求，是否存在采掘、剥采运失调问题，是否存在超能力生产情况。 （3）查阅××公司对煤矿存在的超能力生产，采掘接续紧张等问题的监督检查资料，是否履职到位	10	（1）发现超能力下达生产经营指标，或者发现煤矿存在超能力生产，扣5分。 （2）煤矿生产接续不合理，采掘失调，剥采运失调，扣5分；现场检查发现淘汰设备或者安全投入不足，扣5分；××公司对煤矿监督检查，履职不到位，1处扣2分。	公司+煤矿
	（三）坚持党对安全生产工作的领导	健全完善党组（党委）安全生产议事机制，定期听取安全生产工作汇报，研究解决安全生产重大问题	（1）查阅相关制度文件，是否建立相关机制；制度内容是否完善。 （2）查阅党委会议记录、会议纪要，是否定期听取安全生产工作汇报。 （3）访谈召开会议研究解决安全生产重大问题，职能部门负责人、核实是否召开会议研究解决安全生产重大问题，访谈领导班子不少于3人，职能部门负责人不少于5人。 （4）查阅会议记录和有关资料。是否针对安全生产重大问题制定实施方案，是否推动方案、措施有效落地，问题是否得到有效解决	15	（1）未建立机制，不得分；制度内容不完善，1处扣1分。 （2）党委会未按制度要求听取安全生产工作汇报，缺1次扣5分。 （3）未召开会议研究解决安全生产重大问题，1处扣3分。 （4）重大问题未制定实施方案，1次扣1.5分；方案或措施落实不到位，1处扣1.5分。	公司+煤矿
	...	...				

类别	项目	评价内容	审计方法	评分标准	分值	审计对象
一、安全发展理念（100分）	（四）树牢法治思维	建立安全生产政策法律法规标准规范数据库，强化安全生产规章制度，重大决策的安全合规性审查	（1）查资料，是否建立安全生产政策法律法规标准规范数据库，是否及时更新等方面。 （2）安全生产规章制度是否有合规性审查	（1）未建立安全生产政策法律法规标准规范数据库，扣4分；更新不及时，扣1分；数据库不全面，扣1分。 （2）安全生产规章制度无合规性审查，缺1项扣1分；重大投资决策、工程项目等无安全合规性审查，1处扣4分	8	公司+煤矿
二、安全生产责任制和管理制度（100分）	（一）安全生产责任制	（1）建立健全覆盖各层级、各部门、各岗位的全员安全生产责任制（含外包人员、劳务派遣工等）。 （2）建立并公示岗位安全生产责任清单，实现"一岗一清单"，明确岗位级责任范围和工作标准；逐级签订安全生产责任书，层层压实安全责任	（1）查阅资料，了解组织机构设置、岗位设置，以及包含劳务派遣、承包管理、后勤服务等岗位应用工情况。 （2）查阅安全生产责任制，是否覆盖各层级、各部门，是否全面修订。 （3）查现场，是否所有岗位实现"一岗一清单"，是否对责任清单进行公示。 （4）查阅资料，安全生产责任制是否有责任人、责任范围和考核标准，责任制内容是否清晰明了，能否落实、可操作。抽查岗位不少于5个。 （5）查阅安全生产责任书，是否逐级签订	（1）安全生产责任制未以正式文件下发，不得分。 （2）未建立覆盖各层级、各部门，缺1项扣3分；全员安全生产责任制，未按集团1号文件要求全面修订安全生产责任制，扣5分。 （3）未实现"一岗一清单"，缺1个岗位扣1分。 （4）未明确责任人、责任范围和考核标准，1处扣2分；责任制内容不符合要求，1处扣1分。 （5）未逐级签订安全生产责任书，缺1级级扣2分	12	公司+煤矿
…		…				

表6-2（续）

类别	项目	审计要点	审计方法	分值	评分方法	适用范围
二、安全生产责任制管理制度（100分）	（二）安全生产管理制度	建立并落实安全包保和联系点制度	（1）查资料。是否建立安全包保和联系点制度，制度内容是否符合要求；联系点是否全覆盖性；是否明确领导班子成员和安委会成员的安全包保问题 （2）是否明确领导班子成员和安委会成员的安全包保责任，是否协调解决相关问题	10	（1）未建立联系点和安全包保制度，不得分；领导班子责任，各级安委会成员安全包保点未全覆盖，各级安委会成员，1人扣2分；联系点未全覆盖，缺1处扣2分。 （2）未协调解决相关问题，1处扣1分。	公司+煤矿
	…	…				
三、落实领导班子岗位职责（100分）	（一）落实第一责任人责任	（1）建立以安全生产第一责任人为主任的安委会，健全工作制度，人员明确管理职责，职责等发生变化后，及时进行调整。（2）各部门定期向本级安委会汇报安全生产工作开展情况	（1）查阅安委会文件。是否明确职能、职责；人员和职责覆盖是否全生产，经营各部门。 （2）查阅安委会会议纪要。是否按制度要求定期召开；安全生产第一责任人是否存在无故未主持会要求等。 （3）核实现场管理。参加人员范围是否符合文件。 （4）查阅安委会会议制度、会议纪要等资料，是否包括安全生产汇报安全生产相关内容，是否落实相关要求	10	（1）安全生产第一责任人不是安委会主任，扣10分；安委会职能、职责不明确，1处扣2分；成员调整不及时，扣3分；成员未覆盖生产，经营各部门，缺1个部门扣2分。 （2）未按制度要求定期召开，缺1次会议，1次扣3分；参加人员范围不符合要求，1次扣2分。 （3）安委会议定事项未闭环，1项扣3分。 （4）会议制度无业务部门汇报安全生产工作内容，扣3分；未落实会议要求，1次扣2分	公司+煤矿
	…					

		审计内容	审计要点	分值	评分标准	审计主体
三、落实领导班子职责（100分）	（二）落实"三个必须"	分管安全的负责人严格履行分管范围内的安全职责	（1）查阅领导班子成员分工文件，是否明确其安全生产责任制；是否有职责清单，职责描述是否符合《安全生产法》七项职责要求。（2）查阅分管安全生产的负责人带班下井记录，是否按规定要求带班人员下井，是否解决实际安全生产问题。（3）现场访谈，是否了解本岗位职责（专人访谈）。（4）对照安全生产责任清单，重点抽查分管范围内的安全风险管控、隐患排查治理、制度措施制定和落实情况等，核查其是否严格履行责任清单中的职责	12	（1）无分管安全的副总经理职责清单，扣6分；职责不明确，或者不符合《安全生产法》要求，1处扣2分。（2）不了解本岗位安全生产责任制，1处扣2分；未履行职责，扣2分。（3）民主测评低于80分，扣2分；低于70分，扣10分；低于60分，不得分。（4）未按照规定解决实际安全生产问题，扣3分。人未下井未解决安全问题，缺1次扣3分。	公司+煤矿
四、安全监察管理体系（100分）	（一）安全监察管理机制	建立健全安全管理机构，设立独立的安全生产管理部门，设专职安全分管领导，矿领导原则上应委为党委（党总支）委员，收入不低于生产副职	（1）查阅机构设置文件，矿领导班子工资表，是否符合要求。（2）查资料，各级安全分管领导和安监部门负责人是否向上级主管部门履行任前报备手续	8	安全分管领导和安监部门负责人未开展任前报备，缺1人扣2分；其余不符合要求均不得分	公司+煤矿

表6-2（续）

类别	项目	审计要点	审计方法	分值	评分方法	适用范围
四、安全监察体系（100分）	（二）扎实开展单位帮扶重点督导	实施安全生产分级管理，分类开展，强化老旧边远煤矿、灾害严重、产能核增煤矿监督检查	（1）查资料。是否建立安全生产分级管理，分类展开制度；制度内容是否符合实际，是否有针对性；是否对重点煤矿强化监督检查。 （2）查资料。是否制定监督检查方案，方案是否落实到位	10	（1）未建立安全生产分级管理，分类监督检查制度，扣5分；制度内容不符合要求，1处扣1分。 （2）未制定针对性的监督检查方案，扣5分；方案未突出强化老旧边远煤矿、灾害严重、产能核增煤矿检查，1处扣1分；方案落实不到位，1处扣1分；抽查不少于3处煤矿，监督检查质量低，未查出重大隐患或监督检查查出问题或重大隐患，1矿扣1分	公司
	（三）现场安全监管	严格审批安全技术措施，经常深入现场，解决实际问题；对高风险作业或关键时间点现场进行现场监督管理。贯彻落实××集团安全生产十项措施要求，严格现场作业安全管理 ……	（1）查阅现场作业记录、高风险作业等是否严格审批并落实。 （2）查阅安全监管人员入井要求的相关文件，记录和人员定位系统，安全监管人员是否按规定深入现场，是否对措施落实情况进行监督检查。 （3）查阅相关记录和人员定位，在高风险作业或关键时间点，是否有安监人员进行现场监督。 （4）各单位是否科学合理安排生产作业计划，是否严格履行作业审批，开工许可和现场监护制度	20	（1）高风险作业无安全技术措施，1处扣10分；未严格审批或者不落实，1次扣5分。 （2）未按规定落实措施，1人次扣5分；对措施落实不到位，1次扣分。 （3）高风险作业或者关键时间点无安监人员现场监督，1次扣2分。 （4）现场检查发现对不具备安全条件，盲目开工作业，以及抢工期抢进度的，1处扣5分	公司+煤矿
	……					

			分值		责任单位
四、安全监察体系（100分）	（四）安全考核机制	建立安全考核制度，明确对各层级的考核周期、细则，考核内容包括责任落实、风险管控、隐患排查、安全培训、标准化建设等安全工作开展情况	（1）查阅制度、记录，是否建立安全绩效考核制度，考核内容是否全面。 （2）查资料，是否××公司每季度对机关部门，所属煤矿开展1次安全考核评价；煤矿是否每月对职能部门和区队开展1次安全考核评价。 （3）查阅考核记录，是否有相关考核记录，是否严格按照制度要求，对照制度或考核细则要求开展工作。 （4）是否对设备设施故障和较大安全涉险事件进行考核	20	（1）无安全绩效考核制度或无考核细则，不得分；考核内容不全，1处扣2分。 （2）××公司、各煤矿未按要求开展安全考核评价，缺1次扣5分。 （3）无考核记录，1次扣5分；制度或细则执行不到位，1处扣5分。 （4）未对设备设施故障和较大安全涉险事件进行考核，缺1项扣5分	公司+煤矿
五、业务保安体系（100分）	（一）明确业务保安责任	设置采掘生产技术、机电运输、"一通三防"、地质测量、调度应急等专业管理部门，根据"管业务必须管安全"的要求，明确专业保安管理部门安全生产责任，业务人员分工、明确人员岗位安全生产责任……	（1）查阅机构设置文件，机构设置是否齐全。 （2）查安全生产责任制，是否按照"管业务必须管安全"的要求，是否建立专业管理部门"一岗一清单"。 （3）访谈专业管理部门负责人和业务人员，是否掌握本岗位安全生产责任 不少于5人……	30	（1）机构设置不齐全，缺1处扣10分。 （2）专业管理部门安全生产责任制内容不完善，1处扣3分；无"一岗一清单"，1处扣3分。 （3）不掌握本岗位安全生产责任，1人次扣3分	公司+煤矿

表 6-2（续）

类别	项目	审计要点	审计方法	分值	评分方法	适用范围
五、业务保安体系（100分）	（二）履行业务保安责任	在风险管控、隐患排查治理、重大灾害治理等方面履行分管行业务保安全生产责任	（1）查阅风险管控、隐患排查治理等相关制度，了解专业管理部门的业务灾害治理、职责分工、职责履行安全职责要求，核实专业管理部门是否按照制度履行安全职责。（2）访谈专业管理部门负责人和业务人员，验证履职情况不少于5人。	40	（1）专业管理部门在风险管控、隐患排查治理、重大灾害治理方面履职不到位，1处扣10分。（2）专业管理部门负责人和业务人员不熟悉分管范围内的业务保安职责，1人次扣3分	公司+煤矿
		⋯				
六、区队安全管理体系（100分）	（一）区队管理机构	配齐区队管理人员、明确职责分工、配备分管安全的区队长	（1）查阅组织机构文件，是否配齐管理人员，是否制定人员分工，是否明确专业安全生产责任，配备分管安全的副区队长。（2）抽查区队管理人员，是否了解本岗位安全生产责任。抽查不少于3个区队，每个区队不少于1人	20	（1）区队管理人员配备不足或者无分管安全的副队长；区队分工或者安全生产责任不明确，1处扣2分。（2）区队管理人员不掌握安全职责，1人次扣2分	煤矿
		⋯				

项目	内容及要求	分值	审查方法	评分标准	审查对象
六、区队安全管理体系（100分）（二）区队安全管理	按规定组织召开班前会。认真贯彻落实煤矿关于安全生产方面的文件、制度、会议要求	30	（1）查阅班前会记录、录音，班前会记录是否齐全，是否按规定流程召开班前会，班前会是否强调当班安全生产注意事项，是否进行作业前危险源辨识。（2）抽查煤矿近期关于安全生产的各类文件、制度或者会议资料不少于3项，查区队落实情况，抽查不少于3个区队	（1）未召开班前会，1次扣5分；班前会召开不符合要求，1处扣2分。（2）相关文件、制度等贯彻落实不到位，1处扣2分	煤矿
……	……				
七、双重预防机制建设（100分）（一）安全风险分级管控	××公司建立完善安全风险辨识评估、管控和警示报告机制；煤矿建立安全风险分级管控制度，明确安全风险评估、辨识和管控范围、方法和工作流程、公告、报告，明确机构、人员，责任	8	查阅制度文件，是否建立制度，制度内容是否全面、机构、人员、责任是否明确	未建立制度，不得分；制度文件、制度内容不全面，1处扣2分；机构、人员、职责不明确，1处扣1分	公司+煤矿
……	……				

表 6-2（续）

类别	项目	审计要点	审计方法	分值	评分方法	适用范围
七、双重预防机制建设（100分）	（二）事故隐患排查治理	建立事故隐患排查体系和由主要负责人负总责的事故隐患排查治理机制，明确各级管理人员排查责任和工作职责	(1) 查阅文件资料，是否建立责任体系，是否建立主要负责人负总责的机制，各级管理人员职责是否明确。(2) 是否按照"清单制+责任制+时限制"要求，完善事故隐患排查治理。(3) 访谈主要负责人、分管负责人、中层管理人员，是否掌握本岗位、本部门的事故隐患排查治理职责。其中访谈中层管理人员不少于3人	4	(1) 未建立责任的机制，不得分；未建立主要负责人负总责，未按照"清单制+责任制+时限制"要求建立，扣2分；各级管理人员职责不明确，1处扣1分。(2) 故访谈人员不掌握本岗位、本部门事故隐患排查职责，1人次扣1分	公司+煤矿
	…					
八、安全生产标准化基础建设（100分）	（一）安全生产标准化管理体系建设	建立煤矿安全生产标准化管理体系制度，明确安全生产标准化管理机构、职责以及检查考核办法；××公司及时协调解决所属煤矿标准化管理体系达标创建工作存在的重大问题	(1) 查阅制度，是否建立管理制度，是否成立组织机构，明确职责分工，是否有奖惩措施。(2) 抽查有关业务部门内部责任分工，是否包含安全生产标准化管理体系考核的相应职责；抽查部门不少于3个。(3) 访谈所属煤矿负责人、××公司是否及时协调解决标准化达标创建工作存在的深层次问题。访谈人数不少于3人	5	(1) 未建立制度，不得分；部门职责分工不明确，1处扣1分；无奖惩措施，扣2分；奖惩措施不具体，扣1分。(2) 访谈发现××公司未及时协调解决相关深层次问题，1处扣1分	公司+煤矿
	…					

	审查内容与要求	审查方法	分值	扣分标准	责任单位
（二）安全投入保障	建立健全安全投入保障制度，明确安全费用提取和使用的程序，职责及权限，监督考核	（1）查阅文件，是否有制度，提取标准和使用范围是否符合国家、行业和××集团有关要求；是否按照财企〔2022〕136号文件及时修订。 （2）查阅制度内容，是否对提取和使用做出规定程序、职责及权限，监督考核等	5	无制度或修订不及时，不得分；制度内容不完善，或者不符合要求，1处扣1分	公司+煤矿
（三）高风险作业管理	严格落实高风险作业要求： （1）对《××集团煤炭产业高风险作业安全管理指导意见》（××安〔2022〕297号）开展学习、宣贯。 （2）逐级制定高风险作业管理办法，明确高风险作业范围，形成高风险作业清单。 （3）严格高风险作业计划管理，制定高风险作业任务控制表，抽查不少于3项。 ……	（1）查阅学习、宣贯记录。是否开展学习、宣贯。 （2）查阅制度。是否组织修订或正式下发文件；制度内容是否结合本单位实际，是否切实可行；是否形成作业清单。 （3）查资料。煤矿是否每月制定高风险作业任务控制计划表，内容是否符合实际，是否主要负责人审批，是否向××公司报备；××公司每月是否将一级风险作业项目向××集团报备。 （4）查高风险作业许可审批、人员到岗相关资料，是否符合制度要求，抽查不少于3项。	15	（1）未开展学习、宣贯，扣3分。 （2）无高风险作业管理办法，1处扣2分；无具体作业不符合要求，扣5分；未形成高风险作业清单，扣5分。 （3）无月度高风险作业控制计划，缺1次扣5分；计划不符合实际，1次扣2分；计划未经主要负责人审批，1次扣2分；××公司未按要求报备，扣2分。 （4）作业许可审批、人员到岗等不符合要求，1项扣2分。	公司+煤矿

八、安全生产基础建设（100分）

表6-2（续）

类别	项目	审计要点	审计方法	分值	评分方法	适用范围
八、安全生产基础建设（100分）	（三）高风险作业管理	按规定审批报备。 （4）高风险作业前必须办理作业许可审批手续。 （5）严格高风险作业各级盯防人员到岗到位管理。 （6）配置移动式视频监控系统，实现高风险作业视频全覆盖。 （7）××公司对煤矿高风险作业进行指导、监督、检查、考核	（5）查现场。核实移动视频监控系统配备、使用情况。 （6）抽考相关业务人员不少于3人，是否掌握高风险作业相关制度内容。 （7）查阅相关资料。××公司是否进行指导、监督、检查、考核，效果如何，是否发现解决煤矿高风险作业存在的突出问题	15	（5）无移动视频监控系统设备，扣1分。 （6）相关人员不掌握制度内容，1人次扣0.2分。 （7）××公司督导检查考核不到位，1处扣2分。未解决突出问题，扣2分	公司+煤矿
	（四）安全文化建设	制定安全文化建设实施方案，成立安全文化建设组织机构，明确相关部门、人员职责，确保活动经费落实到位 …	查阅文件资料，是否制定了安全文化建设实施方案；是否有安全文化建设组织机构，人员配备是否满足要求，职责是否明确，活动经费是否到位 …	2	无安全文化建设实施方案，或者无管理机构、部门，人员职责不明确，不得分；未安排活动经费，或者经费不满足要求，扣1分	

		检查内容	分值	评分标准	责任单位
八、安全生产基础建设（100分）	（五）调度和应急管理 按规定设置调度管理机构，配齐管理人员，实行24小时值班值守，按规定明确管理职责，及时更新调度相关图纸，调度记录台账内容真实、齐全、规范	（1）查阅文件资料，是否设置调度管理机构，人员配备是否满足工作需要，职责是否明确。 （2）查阅调度台账，类别是否齐全，内容是否真实、规范，是否有产供销调度日报；图纸是否齐全，是否及时更新。 （3）查阅应急值班计划表，应急值班记录，是否建立应急值班制度，是否24小时值班值守，是否符合应急值班制度；是否存在替岗、换岗不履行手续现象	3	（1）无调度管理机构，扣1分；人员配备不满足要求，扣1分。 （2）无调度台账，扣1分；类别不齐全或内容不规范，扣0.5分；无应急值班制度，图纸不齐全或更新不及时，扣1分，1件扣0.5分。 （3）未实现24小时值班值守，扣1分；应急值班不符合制度要求，1处扣0.5分	公司+煤矿
	…	…			
九、从业人员素质（100分）	（一）人员准入 从业人员学历、年龄结构满足煤矿现场实际工作需要	查阅人力资源管理相关资料，掌握初中、高中、大专、本科、研究生等各阶段学历占比，掌握从业人员各阶段年龄结构占比；掌握所属煤矿五职矿长学历、专业、年龄结构	5	生产一线初中及以下学历占比高于20%，不得分；10%～20%，扣2分。生产一线50岁以上占比高于20%，不得分；10%～20%，扣2分。专业技术人员占比低于10%，扣2分	公司+煤矿
	…				

表 6-2（续）

类别	项目	审计要点	审计方法	分值	评分方法	适用范围
九、从业人员素质（100分）	（二）安全培训	建立安全培训管理制度，配备专职或兼职安全培训管理人员，职责明确	（1）查安全培训管理制度，内容是否完善，每类制度中资源保障、计划编制、培训对象、形式方式、培训内容、培训学时、培训管理、考核发证、效果检验、监督检查等管理要素是否齐全。 （2）查机构设置文件，是否设置培训管理工作机构，职责是否明确，专职或兼职安全培训管理人员是否配备充足	5	（1）无安全培训管理制度，扣2分；制度内容不符合要求，1处扣1分。 （2）无负责安全培训的管理部门，扣2分；职责不明确，1处扣1分；人员配备不足，扣1分	公司+煤矿
		⋯				
	（三）班组建设	××公司制定完善班组建设实施细则，煤矿有班组建设管理制度，严格执行各项制度要求	（1）查阅文件资料。××公司、煤矿是否建立相关制度，制度内容是否完善。 （2）是否严格执行各项制度	2	（1）未建立相关制度，不得分；制度内容不完善，1处扣0.5分。 （2）制度执行不到位，1处扣0.5分	公司+煤矿
		⋯				

九、从业人员素质（100分）		评分标准	分值	备注
（四）岗位标准作业流程	制定岗位标准作业流程管理办法，实现流程应用全覆盖；督导所属煤矿制定各岗位标准化作业流程	（1）查阅文件资料，是否制定标准作业流程管理制度，制定内容是否完善，各岗位、各工种，对每项作业步骤中存在的危险源和风险，管控标准和措施等是否有明确要求。 （2）查阅监督指导资料，抽查所属煤矿各岗位标准化作业流程相关资料，核实是否监督检查到位	（1）无岗位标准化作业流程管理办法，扣2分；制度内容不符合要求，1处扣1分。 （2）监督指导不到位，1处扣1分。未实现流程应用全覆盖，扣1分	5	公司+煤矿
……					
（五）不安全行为管理	建立健全不安全行为管理制度，制定不安全行为认定、分级分类标准，对不安全行为的查处、矫正培训、奖惩等作出规定，对不安全行为实施分级分类管控；××公司对所属煤矿的不安全行为管理工作进行监督检查	（1）查阅文件资料，是否对行为作出明确规定，管控流程等进行规定；是否对查处的数量和质量进行规定；是否对不安全行为进行分级分类。 （2）查阅监督检查资料，抽查所属煤矿不安全行为管理台账等相关资料，核实是否监督检查到位	（1）无不安全行为管控机制，不得分；制度分类分级要求，1项扣2分；未分级分类，扣5分。 （2）未对所属煤矿不安全行为监督检查，或工作不到位，1处扣2分。 （3）未采用视频倒查、违章自动识别、自动预警、远程监管等方式查处不安全行为，扣2分	10	公司+煤矿

表6-2（续）

类别	项目	审计要点	审计方法	分值	评分方法	适用范围
十、事故调查处理（100分）	（一）事故报告	建立事故（包括死亡、轻伤、重伤等）报告与责任追究制度，进行事故分析、建立报告和处理表，及时、如实报告和处理生产安全事故	（1）查阅资料，是否对《矿山生产安全事故报告和调查处理办法》（矿安〔2023〕7号）进行宣贯学习。（2）查阅文件制度，内容是否符合国家要求。责任追究规定、事故汇报流程是否符合要求，是否建立国家及××集团有关规定，是否有统计台账。（3）查阅记录，是否有统计台账，是否阶段性开展分类统计分析工作。（4）查阅调度台账、调度录音电话、安监部门的事故统计台账、工伤保险工伤报资料，安全考核实是否有隐瞒工伤事故行为	20	（1）未对《矿山生产安全事故报告和调查处理办法》（矿安〔2023〕7号）开展宣贯学习，扣5分；培训未覆盖全员，扣2分。（2）无制度，扣5分；制度修订不及时，扣2分；制度计分析符合要求，扣2分。（3）台账内容不完整，扣1分。（4）未及时，如实报告处理事故，1次扣5分；检查发现隐瞒工伤事故，1处扣10分	公司+煤矿
		……	……			
	（二）事故调查处理	按照事故分级管理规定，成立事故调查组，按照"四不放过"原则，对事故进行调查处理	（1）查阅人员构成资料，调查组是否成立合规。（2）查阅调查报告、报告内容是否全面，是否形成事故处理报告及应吸取的教训，是否分析事故原因，是否认定事故责任和事故性质，是否对事故责任者提出处理建议，是否制定事故防范和整改措施	15	（1）未成立事故调查组，1处扣8分；人员构成不符合要求，1处扣2分。（2）无事故调查处理报告，1处扣8分；报告内容不符合要求，1处扣2分	公司+煤矿
		……	……			

			分值		
十、事故调查处理（100分）	（三）事故回头看	××公司针对事故回头看煤矿，开展事故调查处理工作，对事故煤矿责任人的处理结果、事故防范措施落实情况进行有效监督	10	（1）未开展事故调查处理回头看，1处扣2分；发现类似事故重复发生，1件扣1分。（2）未按要求处理有关责任人，1人次扣2分；未执行到位，1人次扣5分	公司
	…	…			
十一、承包商安全管理（100分）	（一）承包商管理责任制度	建立健全承包商管理组织机构，明确职责分工；根据自身生产管理特点，制定承包商管理办法	10	无管理机构，或者未制定承包商管理办法，不得分；办法内容不符合要求，1处扣2分；各部门、人员承包商安全管理职责不明确，1处扣2分	公司+煤矿
	…	…			

查阅内容：
（1）查阅文件、监督资料、事故台账，对照事故回头看，是否存在类似事故重复发生的现象。（2）抽取有关责任人处理情况，对事故责任人是否按规定处理、执行到位

（1）查阅文件资料，是否建立健全外包工程管理组织机构，内容是否符合国家和××集团有关要求，是否符合本单位实际，是否明确分管领导、安全监管部门、业务部门及承包商的安全管理职责。（2）查阅部门职责分工，是否接了承包商安全管理职责要求

表6-2（续）

类别	项目	审计要点	审计方法	分值	评分方法	适用范围
十一、承包商安全管理（100分）	（二）依法合规生产	严格做到依法合规生产，提升安全生产标准化管理水平	（1）抽查承包商管理资料。检查煤矿是否将承包工程非法分包、转包，是否严格执行井下采掘工作面和井巷维修作业不得采煤不外包、外包剥离煤矿所属露天煤矿不超过2家，承包商不少于3家。（2）查阅××公司对煤矿承包商监督检查记录，核实其承包检查质量，是否检查发现煤矿安全管理方面存在的依法合规、安全生产标准化等问题	15	（1）检查发现非法分包、转包，井下采掘工作面和井巷维修作业劳务分包；露天煤矿采煤外包剥离或者剥离商超过2家，均不得分。（2）××公司对承包商依法合规方面检查不到位、检查质量低，1处扣5分	公司+煤矿
	⋯					
	（三）承包商准入	煤矿在承包商入场前对其资质等级、业绩证明、人员信息、组织机构和制度体系等相关材料进行审核；对承包商项目经理、安全及技术管理等管理人员的安全生产管理知识和能力进行验证，确保其具备有效履职的知识和能力	（1）查阅承包商台账，了解承包商情况。是否开展入场前审核，审阅审核记录、人员信息、资质等级、业绩证明、组织机构和制度体系等内容。（2）查现场，核对人员工资、社保等资料，核实承包商资质是否符合要求，管理人员配置是否齐全。（3）抽考承包商项目经理、安全及技术管理人员不少于3人，每人2个问题，看是否具备履职能力	20	（1）未开展入场前审核，不得分；审核内容不全，缺1项扣3分。（2）现场检查发现承包商资质不符合要求，资质挂靠，不具备安全生产条件，管理人员配置不齐备，违约拼凑作业人员，1处扣10分。（3）承包商项目经理、安全及技术管理人员不掌握相关内容，1人次1个问题回答错误扣2分	煤矿

十一、承包商安全管理（100分）	（四）承包商过程控制	（1）煤矿与承包商签订《安全生产管理协议》。 （2）煤矿对承包商日常安全管理情况和施工现场进行监督、检查，重点检查"无差别、一体化"管理。 （3）××公司对承包商管理情况进行监督检查，采取动态检查、约谈等机制，加强对承包商履约能力的监管。	（1）查阅资料，是否建立承包商管理台账，台账内容是否全面。 （2）查与承包商签订的安全生产管理协议，是否有协议。 （3）查阅煤矿是否对承包商施工（作业）流程、高风险作业专项措施落实情况等进行监督、检查；是否将承包商作业人员纳入本单位安全教育培训计划，定期组织劳动技能和安全知识培训，并建立培训档案。 （4）入场施工作业前，煤矿是否安排专人进行技术交底，并组织人员对施工区域、生活区域的设施设备、安全防护、作业环境等进行全面的验收；是否审批承包商安全技术措施等技术性文件和资料。 （5）查阅××公司监督检查资料，是否按要求开展定期检查；对照承包商管理台账，排查范围是否覆盖所有承包商；检查问题是否跟踪整改，对排查出的不符合项、查问约谈记录，是否制定整改措施，是否整改到位；是否根据事故事件和暴露问题情况对承包商开展约谈。	20	（1）无承包商管理台账，扣5分；台账内容不全或不符合要求，扣2分。 （2）无安全生产管理协议，1处扣10分。 （3）施工方案不科学或者安全技术措施不到位，1处扣5分；违反"无差别、一体化"管理相关要求，1处扣3分。 （4）施工作业前，无专人技术交底或未全面验收，扣3分；未对承包商安全技术措施等技术文件进行审批，1处扣3分。 （5）未对承包商人员三级教育进行审批，1处扣3分；煤矿对承包商日常安全全程监督检查不到位，扣10分；相关安全问题检查不到位，1处扣2分；现场检查未及时督促整改，1处扣2分；现场检查发现承包商人员未开展三级教育，1人扣4分。 （6）××公司未定期监督检查，扣10分；监督检查不符合要求，1处扣3分；针对存在的问题未开展约谈，1处扣3分。	公司+煤矿

表6-2（续）

类别	项目	审计要点	审计方法	分值	评分方法	适用范围
十一、承包商安全管理（100分）	（五）承包商考核评价	严格执行承包商诚信履约制度、从业人员和承包商诚信履职制度和承包商"黑名单"制度，开展承包商诚信履约评价	（1）查阅文件资料，是否建立三项制度；制度内容是否完善，是否具有可操作性。（2）查阅资料，是否根据事故事件和安全检查问题情况开展承包商诚信履约，评价结果是否公开通报。（3）查阅"黑名单"管理台账，是否对履约评价不达标或者出现安全生产评价的承包人"黑名单"管理。（4）查不安全考核行为台账、调查记录等，是否对日常安全管理不到位的承包商警戒约谈，出现事故征兆是否停工整顿，对多次违章、屡改屡犯的承包商是否清退	15	（1）未建立三项制度，缺1项制度，1处扣2分；制度内容不符合要求，1处扣1分。（2）未开展承包商履约评价，1处扣2分。（3）履约评价未达标或发生事故的承包商未纳入"黑名单"管理，1处扣2分。（4）未明确承包商失信行为认定、归口提报用××集团安全生产百日改坚提报相合处置流程，缺1处扣3分；未建立失信承包商退出通道，扣5分。（5）未按照××集团安全生产百日改坚十项措施合相要求，开展警戒约谈、停工整顿或清退，1处扣3分	公司+煤矿
	（六）承包商专项整治	涉及外包工程的单位，要组织开展1次外包工程安全管理全面排查	查资料。涉及外包工程的单位，是否开展外包工程安全管理全面排查；排查重点是否符合《××集团煤矿安全生产综合整治工作方案》（××安〔2023〕271号）要求；排查质量如何，排查是否走过场	20	（1）未开展工作方案，扣10分；排查重点，不得分，无排查工作方案，缺1项扣2分。（2）未排查出实质问题，排查走过场，1处扣5分。（3）未将承包商纳入本单位安全生产管理体系，1处扣5分	公司+煤矿

项目	子项	审计要点	分值	扣分标准
十二、国家、××集团文件要求和会议精神贯彻落实（100分）	（一）扎实开展煤矿安全生产综合整治	（1）××公司及各煤矿是否认真学习《国家矿山安全监察局关于开展矿山安全生产综合整治的通知》（矿安〔2023〕17号）、《××集团煤矿安全生产综合整治工作方案》（××安〔2023〕271号）等文件，是否有学习记录，上述文件是否有主要负责人亲自批阅。 （2）各××公司是否制定本单位煤矿安全生产综合整治方案，目标任务是否明确，是否齐全，措施是否细化，是否明确机构及责任分工，整治内容、时间进度、工作要求是否明确。 （3）是否将整治工作纳入年度重点工作安排，主要负责人是否亲自研究、亲自部署、亲自督办，是否定期听取专题情况汇报。 （4）是否按《××集团煤矿安全生产综合整治工作方案》（××安〔2023〕271号）文件要求，与全年重点、专项工作有机结合，统筹推进。 （5）××公司是否督导到位，是否督查分析深层次原因，是否制定落实本措施，查找问题的深层次原因，是否帮助煤矿解决难题；重大隐患是否挂牌督办。	8	（1）未学习《国家矿山安全监察局关于开展矿山安全生产综合整治的通知》（矿安〔2023〕17号）、《××集团煤矿安全生产综合整治工作方案》（××安〔2023〕271号），或无记录，扣4分；文件未由主要负责人亲自批阅，扣2分。 （2）××公司无煤矿安全生产综合整治方案，扣8分；方案中目标任务不明确、不全，1处扣2分；措施不具体，扣2分；未成立领导小组，扣4分；机构及责任分工不明确，扣2分；整治内容、时间进度、工作要求不明确，1处扣1分。 （3）主要负责人未研究方案制定、推动问题整改，1处扣4分；未定期听取汇报的周期不具体，扣1分。 （4）未与全年重点、专项工作有机结合，扣2分。 （5）××公司督导不到位，1处扣2分；未分析深层次原因或未制定落实本措施，扣2分；未帮助煤矿解决难题，1处扣2分；重大隐患未挂牌督办，1处扣2分。 公司+煤矿

表6-2（续）

类别	项目	审计要点	审计方法	分值	评分方法	适用范围
十二、国家、××集团文件要求和会议精神贯彻落实（100分）	（一）扎实开展煤矿安全生产综合整治	（5）××公司要坚持督导并重，重大问题隐患要挂牌督办。（6）××公司要严格监督检查，将自查自改情况纳入安全绩效考核	（6）××公司是否监督检查到位；业务保安部门查出问题质量如何，是否只有小问题，是否走过场；是否将煤矿自查自改情况纳入安全绩效考核。（7）抽查提问领导班子综合整治工作的掌握情况。员对煤矿"安全生产整治"掌握情况。领导班子提问不少于3人，管理人员不少于5人（专人访谈）	8	（6）××公司监督检查不到位，1处扣2分；查出问题质量低，走过场，扣3分；未将自查自改情况纳入绩效考核，扣3分。（7）访谈发现一人不掌握相关内容，扣1分	
	（二）重大事故隐患专项排查整治	贯彻落实国务院安委会、国家矿山安监局、××集团关于重大事故隐患专项排查整治十项措施，扎实开展重大事故隐患排查整治	（1）查资料。主要负责人是否组织对国务院安委会、国家矿山安监局、××集团有关文件宣贯学习；是否组织学习重大事故隐患判定标准；相关文件是否由主要负责人亲自批阅。（2）查专项行动方案。主要负责人是否组织制定本单位专项行动方案，每月是否亲自自改，隐患排查整治质量如何；是否组织自查自改，隐患排查和整改质量如何，听取汇报，研究解决重大问题，每月年度考核重点。（3）××公司是否对煤矿开展情况进行全面检查，建立××公司重大隐患台账，每月开展评价，建立考核机制。（4）查资料。是否开展总结，总结好经验、好做法，建立专项整治长效机制	5	（1）主要负责人未组织相关宣贯学习，缺1次扣2分；相关文件未由主要负责人亲自批阅，扣2分。（2）主要负责人未制定专项行动方案，扣2分；未亲自动员部署，每月未组织自查自改，扣1分；隐患排查质量低，扣1分。（3）××公司未对煤矿开展情况进行检查，扣2分；无重大隐患台账，扣2分；未核检机制或每月未开展评价，扣1分。（4）未开展总结，扣2分；未形成好经验好做法，未建立长效机制，扣1分	公司＋煤矿

审计事项	审计要点	审计内容	评分标准	分值	审计对象
十二、国家、××集团文件要求和会议精神贯彻落实（100分）	（三）扎实开展中央企业安全管理强化年活动	贯彻落实"五个表率""六个切实强化"工作要求，对国务院国资委、××集团进行宣贯学习，制定实施方案、开展中央企业安全管理强化年活动，将方案贯彻落实情况纳入安全绩效考核	（1）查资料。××公司及煤矿是否学习宣贯中央企业安全生产工作视频会议精神，对《关于开展中央企业安全管理强化年行动的通知》（国资厅发社责〔2023〕1号）、《关于贯彻落实"五个表率""六个切实强化"工作要求 开展中央企业安全管理强化年活动的通知》（××安〔2023〕40号）等文件开展宣贯培训，有记录，宣贯培训是否由本单位主要负责人亲自批阅。 （2）查资料。××公司和煤矿是否制定本单位实施方案，是否明确攻坚重点和强化方向，主要负责人是否亲自安排部署。 （3）查资料。是否将方案贯彻落实情况纳入各级安全绩效考核，是否对组织落实不力、走过场的单位进行通报批评。	（1）未对《关于开展中央企业安全管理强化年行动的通知》（国资厅发社责〔2023〕1号）、《关于贯彻落实"五个表率""六个切实强化"工作要求 开展中央企业安全管理强化年活动的通知》（××安〔2023〕40号）等文件开展宣贯培训，扣2分；上述文件未由主要负责人亲自批阅，扣4分；未覆盖全员，扣1分。 （2）未制定实施方案，不得分；方案未明确攻坚重点和强化方向，扣3分；未由主要负责人亲自安排部署，扣2分。 （3）未将安全绩效纳入绩效考核，扣1分；未对组织落实不力、走过场单位通报批评，1处扣1分。	8	公司+煤矿
	（四）推进专项整治长效常态化	建立健全专项整治长效机制，多层级开展安全生产大检查	（1）查资料。"两个清单"是否有未完成的重大问题，闭环消缺。 （2）查资料。是否建立专项整治长效机制，是否明确提出安全生产专项整治？ （3）查资料。是否以自查自纠代替专项整治。	（1）"两个清单"未完成的，未开展集中攻坚，扣5分。 （2）未建立专项整治长效机制或机制无相关制度，不得分；未按制度要求开展常态化专项整治，扣2分；方案落实不到位，1处扣1分；以自查自纠代替专项整治，1次/处扣2分。	7	公司+煤矿

表6-2（续）

类别	项目	审计要点	审计方法	分值	评分方法	适用范围
十二、国家、××集团文件和会议精神贯彻落实（100分）	（四）推进专项整治常态化		（4）抽查提问领导班子成员不少于3人，部门负责人不少于5人，是否了解掌握安全生产专项整治行动、安全生产大检查，是否掌握分管范围内"两个清单"未完成任务（专人访谈）		（3）未开展安全生产大检查，不得分；排查质量不高，未排查解决深层次，扣1分；其他不符合要求，1次扣0.5分。（4）抽查人员回答错误或不掌握相关内容，1人扣0.5分	
	（五）百日攻坚十项措施	认真安排部署，严格落实××集团安全生产百日攻坚十项措施要求	（1）查资料。××公司及煤矿是否宣贯《关于印发××集团安全生产百日攻坚十项措施的通知》，文件是否由主要负责人亲自批阅。（2）是否细化措施、分解的任务，强化监督。细化的措施、分解的任务，是否全部覆盖××集团报送要求的十项措施。（3）是否每月按时向××集团报送工作进展情况。（4）查调度日志、领导带班值班记录等，除××集团和地方政府所有工作安排之外，××公司、基层单位的主要负责人是否擅自离开和安全生产分管领导是否擅自离开所在地	5	（1）未宣贯学习文件，扣1分；文件未由主要负责人亲自批阅，扣1分。（2）××公司及煤矿措施细化、任务分解不符合要求，1处扣1分；××公司对所属煤矿监督不到位，1处扣0.5分。（3）报送不及时，1次扣0.5分。（4）××公司、基层单位领导自擅离开单位所在地，1人次扣1分	公司+煤矿

项目	内容	审计方法	分值	评分标准	适用
十二、国家、××集团文件要求和会议精神贯彻落实（100分）	（六）法律法规及国家部委有关会议文件精神落实 将安全生产法、刑法修正案及司法解释，相关国家标准和行业标准等安全生产法律法规纳入全员年度安全生产教育培训内容	（1）查阅年度培训计划，是否将安全生产法律法规纳入全员年度计划内容；是否按计划开展培训；是否覆盖全员。 （2）是否深入宣传培训《安全生产法》、《刑法修正案（十一）》及司法解释、《国务院关于生产安全事故的特别规定》等法律法规。 （3）是否每季度开设安全生产"大讲堂""公开课"，学习《煤矿安全规程》《煤矿重大事故隐患判定标准》及相关专业细则，强化煤矿安全生产标准化、风险分级管控和隐患排查治理双重预防机制、安全生产责任制度、技术管理和业务保安等方面要求。 （4）针对重点抽查内容，访谈领导班子成员和职能部门负责人，是否掌握有关内容；访谈不少于5人。（专人访谈） （5）查阅国家矿山安监局网站，针对近期发布的重要文件，检查煤矿是否及时学习，如：是否学习《国家矿山安全监察局关于印发防范遏制煤矿水害事故若干措施的通知》（矿安〔2023〕22号）、《国家矿山安全监察局关于印发煤矿"三区"管理办法的通知》（矿安〔2022〕85号）、《国家矿山安	10	（1）年度培训计划无安全生产法律法规标准内容，扣5分；计划内容不到位，1处扣1分；计划执行不完善，1处扣1分；培训未覆盖全员，缺1人扣0.5分。 （2）未开展新《安全生产法》、《刑法修正案（十一）》及司法解读、《国务院关于防范煤矿生产安全事故的特别规定》宣贯培训，缺1项扣1分。 （3）未宣贯培训其他新发布或修订的法律法规、2022年以来发布的煤矿安全相关国家标准、行业标准，每少一次扣1分。 （4）接受访谈人员，不掌握相关学习内容，每人次扣0.5分。 （5）国资委、国家矿山监局相关通知，制度宣贯培训不到位，1处扣1分。	公司＋煤矿

表6-2（续）

类别	项目	审计要点	审计方法	分值	评分方法	适用范围
			全监察局关于印发《强化煤矿炮采（高档普采）工作面顶板管理规定》等3项煤矿顶板管理规定的通知》（矿安〔2022〕135号）、《国家矿山安全监察局关于加强煤矿隐蔽致灾因素普查治理工作的通知》（矿安〔2022〕132号）等文件。（6）是否及时学习《中央企业安全生产监督管理办法》《中央企业安全生产考核实施细则》等规章制度			
十二、国家、××集团文件要求和会议精神贯彻落实（100分）	（七）一号文件落实	对××集团1号文件进行宣贯学习，及时组织编制本单位的1号文件，下发前经本单位安委会审核，内容应体现××集团年度安全目标，重点工作任务落实符合本单位实际，并对各项重点工作任务进行分解，明确责任部门、责任人、完成时间，落实各项保障措施；对安全目标完成情况进行考核，纳入绩效管理	（1）查阅资料。是否对××集团1号文件进行宣贯学习；是否制定本单位及时下发是否及时；下发前是否经安委会审核，内容是否体现××集团安全目标、重点工作任务的相关要求；文件编制是否结合本单位实际；是否对各项工作任务进行分解。（2）是否形成督办机制，各项保障措施是否落实；是否对安全目标进行考核，是否纳入绩效。（3）访谈领导班子不少于3人，相关业务部门负责人不少于5人，是否掌握××集团、本单位1号文件中的安全目标和重点工作等相关内容	15	（1）未对××集团1号文件宣贯学习，扣2分；无本单位时，扣2分；文件下发不及时，扣2分；未经安委会审核，扣5分；1号文件内容不符合要求，1处扣2分。（2）未对重点工作任务进行分解，1处扣2分；未明确责任部门、责任人，完成时间，扣2分；无督办机制，扣5分；保障措施未落实，1处扣2分；未对目标内容，扣2分；进行考核，1处扣5分；未纳入绩效，扣2分。（3）相关人员不掌握1号文件内容，1人次扣1分。	公司+煤矿

| 十二、国家、××集团文件要求和会议精神贯彻落实（100分） | （八）安全生产九条举措和会议精神贯彻落实 | 各级安委会组织学习贯彻××集团关于深入贯彻落实习近平总书记重要指示精神 进一步加强安全生产工作实施方案》（××安〔2022〕264号），确保每个基层员工传达至每个基层员工 | （1）查阅安委会会议纪要、记录。各级安委会是否开展学习。
（2）查资料。基层区队班组抽查不少于3个班组。
（3）通过访谈、提问等形式了解领导班子成员，业务部门负责人对九十条举措掌握、认识程度；领导班子成员不少于3人，业务部门负责人不少于5人。
（4）查阅文件流转及批阅记录，主要负责人是否存在"阅"得多、"转"、"示""办"得少情况，明确具体要求 | 5 | （1）安委会未开展学习，缺1处扣2分；1个班组未宣贯学习，扣1分。
（2）相关人员不掌握九十条举措相关内容，1人次扣0.5分。
（3）主要负责人批阅不符合要求，扣1分 | 公司＋煤矿 |
| … | | | | | | |

表 6-2（续）

类别	项目	审计要点	审计方法	分值	评分方法	适用范围
十二、国家、××集团文件要求和会议精神贯彻落实（100分）	（九）××集团有关会议文件精神落实	认真贯彻落实××集团领导讲话精神，以及关于煤矿安全生产的各项文件要求、上级有关安全生产的重要文件经本单位主要负责人亲自批阅，并作出部署安排	（1）查阅会议记要及相关资料，是否及时传达贯彻××集团领导讲话精神；重点抽查××集团主要领导、分管领导年度工作会、安全环保工作会以及主要领导在安委会会议上的讲话精神贯彻落实是否到位（具体讲话内容见资料汇编）。（2）查阅 OA 公文批阅记录，核实批阅流程、意见等，安全生产主要负责人是否经本批阅，是否作出部署安排。（3）查阅 OA 系统，抽查近期××集团下发的安全生产文件，领导班子成员是否批阅或提出办理意见；抽查班子成员数量不少于 3 份（重点查《关于贯彻落实 开展中央企业安全管理强化年活动的通知》（××安〔2023〕40 号）、《关于印发×集团 2023 年安全环保重点工作任务表的通知》（××安〔2023〕61 号）等）	10	（1）未贯彻落实××集团主要领导、安全环保工作会以及主管领导年度工作会，分 1 次扣 3 分；主要领导在安委会会议上的讲话，1 次扣 2 分；未制定部署措施，1 处扣 2 分。（2）安全生产文件未经主要负责人批阅，1 件扣 3 分；抽查的文件经办理未提出办理意见，1 件扣 2 分；相关安全生产文件落实要求不到位，1 处扣 1 分	公司＋煤矿

表6-3 露天煤矿专业技术审计表

类别	项目	审计要点	审计方法	分值	评分方法	适用范围
一、钻孔爆破（100分）	（一）基础管理	建立健全钻孔、爆破管理制度、制定安全规程、操作规程和作业规程	（1）查阅安全生产责任制、钻孔、爆破应由明确的部门、人员负责。 （2）查阅安全生产责任制、内容应与实际相符、爆破的责任内容。 （3）查阅操作规程、作业规程、内容应与生产实际相符。 （4）查阅管理制度，应有爆破器材的储存、保管、爆破器材出入库检查、运输、领退、登记、爆破器材销毁处理、制度等制度；查阅所有相关制度及内容，以正式文件下发，制度内容符合实际，按要求严格执行。 （5）对照安全生产责任制、抽查现场爆破作业人员掌握情况，并按规程作业；抽查不少于3人。 （6）钻孔、爆破相关的岗位标准作业流程，抽查不少于3人。 （7）××公司按规定对安全生产责任制、安全规程、作业规程、岗位标准作业流程等进行监督管理	10	（1）安全生产责任制未明确负责钻孔、爆破工作的部门，扣2分。 （2）安全生产责任制无钻孔、爆破责任制内容，缺1个岗位扣1分；责任制内容不符合要求，1处扣0.5分。 （3）无钻孔，爆破相关作业规程，操作规程，扣5分；规程内容不符合生产实际，1处扣1分。 （4）爆破管理制度不全，缺1项扣2分；制度未以正式文件下发，1处扣0.5分；制度制定程序不规范，1处扣1分；制度内容不符合要求，1处扣1分；制度执行不到位，1处扣1分。 （5）现场作业人员不掌握责任制、规程相关内容，1处扣1分。 （6）钻孔、爆破岗位标准作业流程不全，缺1项扣1分；现场作业人员未按标准作业流程作业，1人次扣0.5分。 （7）××公司无相关规定，扣2分；相关规定执行不到位或监督管理不到位，1处扣1分	公司+煤矿
	…					

表 6-3（续）

类别	项目	审计要点	审计方法	分值	评分方法	适用范围
一、钻孔爆破（100分）	（二）技术管理	有钻孔、爆破设计及安全技术措施，并经矿总工程师批准	（1）严格执行"一钻一设计""一爆一设计"。（2）查阅钻孔设计、爆破设计、钻孔爆破的安全技术措施应与现场实际相符。（3）钻孔、爆破设计编制、审核人员的资质必须符合钻孔与爆破规模、性质相符，并经矿总工程师批准实施	5	（1）无钻孔、爆破设计及安全技术措施，或者未做到"一钻一爆一设计"不得分。（2）钻孔、爆破设计及安全技术措施内容不符合要求，1处扣1分。（3）钻孔、爆破设计未经有相应资质的工程技术人员审核或者未经矿总工程师批准，不得分	煤矿
	⋯⋯					
	（三）钻孔作业	钻孔设备作业时符合规定	（1）查现场。钻凿坡顶线第一排孔时，钻孔设备垂直于台阶坡顶线或者调角布置（夹角应当不小于45°）。（2）查现场。钻孔设备作业和走行时，履带边缘与坡顶线、坡底线的距离应符合《煤矿安全规程》规定。（3）查现场。钻机长距离（超过300 m）行走时，应放平钻架	4	（1）钻凿坡顶线第一排孔时，钻孔设备作业不符合要求，1处扣1分。（2）钻孔设备作业和走行时，履带边缘与台阶坡顶线、坡底线的距离不符合要求，扣2分。（3）钻机长距离行走、未放平钻架，扣1分	煤矿
	⋯⋯					

项目	子项	内容	审计方法	分值	评分标准	对象
一、钻孔爆破（100分）	（四）爆炸物品管理	领用、保管和使用的实际与账目一致	（1）查资料。爆炸物品的领用、保管和使用的账、卡、物应一致，数量吻合，账目清楚。（2）查现场。现场保管应符合《煤矿安全规程》第五百二十六条规定	5	（1）未做到账、卡、物一致，1处扣2分。（2）现场保管不符合要求，1处扣1分。	煤矿
	…					
	（五）爆破作业	抗静电保护齐全可靠	查现场。接触爆炸物品的人员应穿戴齐全可靠的抗静电劳动防护用品	2.5	作业人员劳动防护用品不符合要求，1人次扣1分	煤矿
	…					
二、采装运输（100分）	（一）基础管理	应有年度、月度生产计划，经审批后下发	（1）查资料。制定剥离采矿生产进度计划，年度、月度生产计划齐全，经主要负责人审批下发。（2）查资料。对年度、月度生产计划进行总结分析。（3）查资料。××公司对煤矿年度、月度生产计划进行审查，纳入考核管理；不得违规变更设计	5	（1）无制度或无年度生产计划，不得分；无月度生产计划，缺1次扣2分；年度、月度生产计划未经主要负责人审批，扣2分；生产计划内容不全，扣1分。（2）生产计划总结，1处扣0.5分；结内容不全，缺1次扣1分；总。（3）××公司未对年度、月度生产计划进行审查或者未纳入考核管理，扣2分；发现违规变更设计，审查或考核管理不严格，扣1分。	公司+煤矿
	…					

表 6-3（续）

类别	项目	审计要点	审计方法	分值	评分方法	适用范围
二、采装运编（100分）	（二）采装管理	开展采剥接续专项整治，采剥布局合理，符合生产规模和设计要求；采剥生产科学组织生产；采用先进设备和工艺，设备选型合理	（1）查资料。是否开展采剥接续专项整治，制定工作方案，全面排查采剥接续情况，针对发现的问题制定接续计划；合理制定接续计划；排查是否走过场。（2）查资料。生产计划，符合生产规模和设计要求；按照设计组织生产建设，采剥工作均衡推进。（3）查现场。按照设计生产，备采煤量及工作线长度、推进速度等满足要求。（4）查现场。现场处理措施。现场作业布置合理，无违规变更设计，违规布置多作业点现象	3.5	（1）未开展采剥接续专项整治，不得分；无工作方案，扣2分；方案执行不到位，1处扣1分；发现问题未采取改进措施，不得分；排查走过场，1处扣1分。（2）采场布局不合理，年度、月度生产计划安排不合理，未实现均衡建设，不得分；未按照设计组织生产建设，不得分。（3）备采煤量不足，采剥关系失调；现场违规后未采取针对性处理组织生产，不得分。（4）子公司下达生产计划，月度计划不合理，或者违规变更设计，造成煤矿采剥关系失衡，不得分。	公司+煤矿
	……					
	（三）道路运编	配备道路养护设备，定期对道路进行养护	（1）查资料。设备台账中应有道路养护设备。（2）查现场。道路养护及时，符合现场作业要求	1.5	（1）设备台账中无道路养护设备，扣0.6分。（2）道路养护不及时或道路不满足现场作业要求，1处扣0.2分；道路养护设备配备不足，扣0.2分	煤矿
	……					

				现场检查发现煤尘堆积，1处扣0.5分；有抛洒物，1处扣0.5分；机头机尾积水，1处扣0.5分	1.5	煤矿	
三、采装运输（100分）	（四）带式输送机／破碎站	工作区域保持整洁	查现场。工作区域无煤尘堆积、无抛洒物、机头机尾无积水				
	…						
三、排土（100分）	（一）基础管理	有年度、月度排土计划，经审批后下发	（1）查资料。年度、月度排土计划齐全，经主要负责人审批下发。（2）查资料。月度排土计划进行总结分析。（3）查资料。××公司对煤矿年度、月度排土计划进行审查，纳入考核管理	（1）无年度生产计划，不得分；无月度生产计划，缺1次扣2分；年度、月度计划未经主要负责人审批，扣2分；计划内容不全，1处扣1分。（2）排土计划总结不全，缺1次扣1.5分；总结内容不全，1处扣0.5分。（3）××公司未对各考核人考核计划进行审查或考核人考核管理不严格，扣1.5分。（4）子公司对煤矿年度、月度生产计划不合理未提出审查意见，扣2分	6	公司+煤矿	
	（二）排土技术管理	作业人员进行岗位安全风险辨识及安全确认	查现场和记录。前装机、推土机、排土机司机作业前应进行风险辨识与安全确认，确认设备安全、作业环境安全，掌握当班工作任务及安全注意事项，抽查不少于3人	作业前未进行风险辨识及安全确认，1人次扣1分；辨识及确认内容不全，缺1项扣0.5分；现场作业人员不掌握当班工作任务及安全注意事项，1人次扣1分	3	煤矿	
	…						

表 6-3（续）

类别	项目	审计要点	审计方法	分值	评分方法	适用范围
三、排土（100分）	（三）排土安全管理	排土作业平盘平整	查现场。推土机排土作业平盘在 50 m 范围内误差不应超过 0.5 m；排土机排土作业平盘在 30 m 范围内误差不应超过 0.3 m；排土机距离排弃排台阶顶线保持一定安全距离	4	排土作业平盘误差不符合要求，1 处扣 1 分；排土机距离顶坡线安全距离不符合要求，不得分	煤矿
	（四）排土作业管理	⋯⋯	卡车排土和推土机作业时，设备之间保持足够的安全距离	（1）查资料。作业规程中应明确安全距离。 （2）查现场。严格执行作业规程要求	3	（1）作业规程中未明确安全距离，不得分。 （2）现场检查发现安全距离与作业规程不符，不得分	煤矿
四、机电（100分）	（一）基础管理	⋯⋯	建立健全机电管理制度	（1）查资料。机电管理制度至少包括：管理组织机构，供用电管理、机电技术管理、设备检修管理、机电事故应急管理，机电设备操作规程，以及机电例会制度等。制度完善，作业规程，符合露天煤矿实际。 （2）查现场。制度执行严格，落实到位	5	（1）机电管理制度内容不全，缺 1 项扣 1 分；制度内容不符合要求，1 处扣 0.5 分。 （2）现场检查发现制度未严格执行，1 处扣 0.5 分	公司＋煤矿
		⋯⋯				

项目	审计内容	审计方法	分值	评分标准	责任主体
四、机电（100分）	（二）生产设备	机上设施、装置符合相应技术标准和要求；设备交接班、启动前检查、检修和运行记录完整翔实	（1）查现场。现场检查机上设施配置，符合技术标准和要求，对照《煤矿"安全生产标准化管理体系评分方法（试行）》表 8.7~8.11，逐项检查；现场检查，每类抽查机、采表、运输、排土及辅助设备钻机不少于3台。 （2）查资料。现场检查相关记录，确保完整、准确、翔实。	12	1 处不符合要求，扣 1.5 分	煤矿
	…				
	（三）供电管理	变（配）电设备设施完好	（1）查资料。供电设备设施档案齐全，有相关管理制度、供电系统图（双回路供电）等，运行记录、检修记录、巡查记录完整，值守变电站至少2周巡视1次（无人值守采场架空线（供电电缆）设计、架设）是否符合规定。 （2）查阅采场架空线（供电电缆）设计、架设）是否符合规定。 （3）采场内变配电设备设施及保护装置等是否完好；移动变电站开关箱、分支箱是否设统一编号、配电柜、箱、盘门加锁是否设有明显的防触电标志并按规定设置围栏。 （4）变电站内是否配备合格备用检测和绝缘用品用具。 （5）采场内主排水泵是否双电源，并定期试验。 （6）备用电源（箱变、移动发电车）是否完好，备用电源定期检查和试运行记录是否齐全	10	（1）供电设备设施档案不全，缺 1 项扣 1 分；无变（配）电设备设施相关管理制度，扣 2 分；制度内容不完善，1 处扣 0.5 分。无供电系统图，扣 2 分；图纸不规范，1 处扣 0.5 分。运行、检修、巡查记录，缺 1 项扣 1 分，巡视周期不符合要求，扣 1 分。 （2）采场架空线设计不符合规定，扣 5 分。 （3）采场内变（配）电设备设施及保护装置不符合要求，1 处扣 2 分。 （4）变电站内检测及绝缘用品用具不符合要求，1 项扣 2 分。 （5）主排水泵站备用电源不符合要求，扣 5 分	公司+煤矿
	…				

表 6-3（续）

类别	项目	审计要点	审计方法	分值	评分方法	适用范围
五、边坡（100分）	（一）技术管理	有完善、准确、详细的工程地质、水文地质勘探资料，有边坡设计	查资料。工程地质、水文地质勘探资料完善、准确、详细，资料齐全、完备。年度生产计划中的边坡参数（边坡角、边坡高度、台阶高度、台阶宽度等）齐全，阶段性稳定性系数符合设计规范要求	20	工程地质、水文地质等相关资料不全、或者不准确、不详细，缺1项扣5分；年度生产计划中无边坡设计，不得分；边坡设计中缺少具体边坡参数，缺1项扣5分；边坡设计内容不完善，未依据当前边坡现状、稳定系数设计下个生产周期的边坡角，1处扣3分	公司＋煤矿
	…	…				
	（二）边坡管理	露天煤矿边坡不大于设计最大值，边坡发生变形时及时采取措施进行治理，制定边坡稳定专项技术措施	（1）查资料。年度设计中的边坡角不大于设计步初步设计要求。 （2）查资料。年度边坡稳定性验算，边坡角不大于初步稳定性分析与评价报告，边坡角不大于设计规范应满足设计要求。 （3）查资料。边坡发生变形、滑坡征兆应制定治理方案，并有专项安全技术措施。 （4）查现场。变形边坡及出现滑坡征兆，严格执行治理方案及专项安全技术措施。 （5）查现场。在变形区域周围设置明显的警示标示，加强边坡巡视。 （6）查资料。按照治理方案进行评价与评价。 （7）查资料。制定专项技术措施。边坡稳定性分析评价时，边坡稳定系数不满足设计规范要求的露天矿，存在边坡跨塌风险的。 （8）查现场。地质构造等措施治理边坡	20	（1）年度生产计划中的边坡角度大于设计计算最大值，稳定系数不得，不得分。 （2）年度边坡稳定性验算，边坡角度大于设计计算最大值，边坡稳定性分析与评价报告中的边坡角度达不到要求时，不得分。 （3）现场检查发现采场、排土场的边坡角度大于设计最大值要求时，不得分。 （4）边坡出现较大裂缝（30 cm以上）、平盘大面积滑落、跨塌或者平盘明显底鼓等，未制定治理方案，不得分；方案内容不完善，1处扣2分；无专项安全技术措施，不得分。 （5）现场检查，未执行安全措施，未进行加强边坡巡视。 （6）变形区域未设置警示标示，扣5分。 （7）治理方案完成后，未进行治理性与评价，扣10分。 （8）地质构造发育、存在边坡跨塌风险的露天矿，未取采治理措施，扣10分。	公司＋煤矿

六、疏干排水（100分）	（一）技术管理	建立健全防治水管理制度	查资料。有水害防治岗位责任制度、水害防治技术管理制度、水害查治管理制度、水害预测预报制度、重大水患停产撤人制度等，制定内容符合要求，严格制度执行	8	相关制度不全，缺1项扣2分；制度内容不符合要求，1处扣1分；制度执行不到位，1处扣1分	公司+煤矿
		……				
	（二）现场安全管理	每年雨季前应对防排水系统做全面检查，检修防排水设施，新建的重要防排水工程应在雨季前完工	（1）查资料。年度防排水计划中应明确相关内容，防排水设施及工程有详细安排，在雨季完成。（2）查现场。严格执行防排水计划相关内容；有水突水进入采场风险的矿井周围防洪设施进行检查，使之达到设计要求	4	未在春汛、雨季前全面检查，不得分；检修防排水设施、新建的重要防排水工程未在雨季前完工，不得分；现场未严格执行防排水计划要求，1处扣1分	煤矿
		……				
七、消防灭火（100分）	（一）基础管理	取得企业基建消防设计审查批复文书，生产企业消防验收合格文书、备案文书	查资料。企业基建消防设计审查批复文书、生产企业消防验收合格文书、备案文书齐全，包括外委单位	8	相关文书不全，缺1项扣2分	公司+煤矿
		……				

表6-3（续）

类别	项目	审计要点	审计方法	分值	评分方法	适用范围
七、消防、防灭火（100分）	（二）重点部位防灭火管理	建立健全地面防灭火措施	（1）查资料。有地面防灭火措施，内容符合实际。（2）查现场。建筑物、煤堆、排土场、仓库、油库等防灭火措施齐全、完善并认真落实	16	无地面防灭火措施，不得分；措施内容不全，缺1项扣2分；现场检查发现措施执行不到位，1处扣2分	公司+煤矿
	...	...	...			
八、基本建设（100分）	（一）项目合规性	煤矿建设项目开工前应取得所有证照和批准文件	查资料。检查是否有项目核准、初步设计、安全设施设计审查、施工组织设计、开工报告、采矿证等	5	不符合要求不得分	公司+煤矿
	（二）基础管理	建立健全各级安全生产责任制及各项管理制度	查是否编制安全生产责任制、安全目标管理、安全投入保障、安全教育与培训、事故隐患排查与整改、安全监督检查、安全技术审批、安全会议制度等	10	（1）无安全生产责任制，不得分；安全生产责任制内容未覆盖全员，缺1项扣1分；责任制内容不符合要求，1处扣0.5分。（2）对照标准化要求的13项基本制度、管理制度缺1项扣2分；制度内容不符合要求，1处扣1分；制度执行不到位，1处扣1分	公司+煤矿
	...					

八、基本建设（100分）	（三）安全管理	建设单位法定代表人对建设项目安全全面负责，建立项目统一管理机制	查建设项目负责人任命文件，是否建立安全、工程、调度等管理机构，实行24小时调度值班制	3	（1）无建设项目负责人，不得分。 （2）未设置安全、技术、工程和调度等管理机构，不得分。 （3）未实行24小时调度值班制度，扣1分	公司+煤矿	
	（四）项目后期	编制联合试运转方案并组织实施	检查联合试运转方案是否按大中型项目报省级煤炭行业管理部门审批，小型项目报市、地级煤炭行业管理部门审批的要求批准；是否报煤矿安全监察机构备案，运转时间是否为1~6个月，最长不超过12个月	2	不符合要求，1处扣1分	公司+煤矿	
	…	…					

表 6-4 井工煤矿专业技术审计表

要素	类别	项目	审计要点	审计方法	分值	评分方法	适用范围
一、生产布局及生产接续（100分）	（一）生产布局（50分）	合理集中生产	采用一井一面或一井两面生产	查资料。查煤矿采掘工程平面图、生产接续计划，上级公司"一优三减"推进方案	10	查现场和资料。不符合要求，不得分	公司+煤矿
		……					
	（二）生产接续（50分）	采掘接续	擅自缩短工作面走向（推进）长度的（除遇大断层构造带或煤层变薄带不可采等外），或未经批准擅自将一个采区划分为多个采区的	（1）查资料。采区设计及批复文件、工作面设计及地质说明书。（2）查现场。工作面切眼利推进长度是否与设计一致	10	（1）采区设计未批复、不得分。（2）工作面设计走向（推进）长度与采区设计不符，扣10分。（3）工作面现场布置与设计不一致，扣10分	公司+煤矿
二、采煤（100分）	（一）重大隐患（30分）	超能力、超强度或者超定员组织生产（18分）	煤矿全年原煤产量超过核定（设计）生产能力幅度在10%以上，或者月原煤产量大于核定（设计）生产能力的10%的	（1）查煤矿企业年度及月度生产计划统计报表、财务报表（含资源税）、产运销台账等资料。（2）查产量在线监控系统、主井口核子称等计量器具的实际原煤产量。（3）查采掘工程平面图、年度及月度实际推进和调度进尺，倒推原煤实际产量。	5	1项不符合要求，不得分	公司+煤矿
		……					

二、采煤（100分）	（一）重大隐患（30分）	超能力、超强度或者超定员组织生产干国家规定的最短采取停产或者停产措施，仍然组织生产的	煤矿开拓、准备、回采时间，回采煤量可采期小干国家规定的最短采取停产或者停产措施，仍然组织生产的	（4）查采煤队工资结算单，倒推所在采煤队及矿井实际原煤产量。（5）查职工代表大会报材料，煤矿生产经营单位经营目标责任书。（6）查地测部门采掘原煤产量核算表、储量年报及储量核实报告，倒推原煤实际产量		
				（1）查煤矿中长期及年度接续计划，"三量"报表，核实计算方法和结果是否正确，"三量"可采期是否符合国家规定。（2）查"三量"可采期不足是否经采取措施、措施是否满足要求且经上级公司批复	5	1项不符合要求，不得分	公司+煤矿
	（二）组织机构及制度（5分）	组织机构	煤矿企业设置采煤管理机构，配齐管理人员、技术人员和作业人员	查煤矿企业相关文件，确认是否设立专门的采煤管理机构，是否配齐管理人员、技术人员和作业人员	3	查资料。未设置采掘管理机构，扣3分；未配齐管理人员、技术人员和作业人员，扣2分	公司+煤矿
		…	…				

表 6-4（续）

要素	类别	项目	审计要点	审计方法	分值	评分方法	适用范围
二、采煤（100分）	（三）员工素质及岗位规范（5分）	员工素质	管理人员和作业人员掌握相关的岗位职责、管理制度、岗位操作规程和安全技术措施的规程；特种作业人员经培训执证上岗	抽查岗位人员是否掌握岗位责任制、管理制度、作业规程、安全技术措施相关内容；抽查管理人员、特种作业人员执证情况	2	查现场。对照岗位职责、管理制度、岗位操作规程、作业规程和安全技术措施，随机抽考 2 名特种作业人员各 1 个问题，1 人回答错误扣 1 分；随机抽查 2 名特种作业人员或岗位人员现场实操，不执行岗位责任制、不规范操作，其他不符合要求，1 处扣 1 分	公司+煤矿
	（四）生产技术管理（10分）	技术管理	生产接续安排；有矿井水平、采区、工作面接续计划，调整同时生产的水平不得超过2个；一个采（盘）区内同一煤层的一翼最多只能布置1个采煤工作面和2个煤（半煤岩）巷掘进工作面同时作业，一个采（盘）区同一煤层双翼开采或者多煤层开采的，该采（盘）区最多只能布置2个采煤工作面和4个煤（半煤岩）巷掘进工作面同时作业 ……	（1）查煤矿企业是否有矿井水平、采区、工作面接续计划、调整计划是否向上级管理单位报批。（2）查煤矿企业采矿开采设计、采掘工程平面图、井巷测量生产台账和现场，是否存在超生产水平、超采掘进工作面情况	5	查资料和现场，未编制矿井水平、采区、工作面接续计划，扣 2 分；调整计划未向上级管理单位报批的，扣 2 分；存在超生产水平、超采掘进工作面，1 项扣 2 分	公司+煤矿

（五）回采和顶板控制（25分）	综合机械化开采	必须编制采煤工作面设计	查矿井是否按照生产环节、煤层地质条件、厚度、倾角、瓦斯涌出量、自然发火和矿山压力等因素编制工作面设计	3	查资料。未编制采煤工作面设计，不得分；内容不全，缺1项不符合要求，扣0.5分	煤矿
（六）设备管理（15分）	滚筒式采煤机采煤	采煤机完好；采煤机有停止工作面刮板输送机的闭锁装置	现场查采煤机是否完好，是否有停止工作面刮板输送机的闭锁装置	3	查现场和资料，不达要求，不得分	煤矿
	…	…				
（七）安全设施（6分）	安全设施	带式输送机机头、乳化液泵站、配电点等处消防设施齐全	现场查采带式输送机机头、乳化液泵站、配电点、可燃性物料存放处是否配置消防设施（如灭火器、砂箱、消防软管等），消防设施是否齐全	1	查现场，1处未符合要求，扣0.5分	煤矿
	…	…				
（八）工作面安装与回撤（4分）	工作面安装与回撤	工作面安装与回撤时有安全技术措施	查煤矿是否有工作面安装与回撤专项安全技术措施，有无明确运送方式、安装质量、拆装工艺和控制顶板的措施，是否制定特种设备及安装人员、大型设备运输、大型设备安装、绞车管理等安全技术措施	1	查现场，工作面安装与回撤无专项安全技术措施，扣1分；措施中没有明确运送方式、安装质量、拆装工艺和控制顶板的措施，扣1分；措施中未制定特种操作人员、大型设备运输、大型设备安装、绞车（回撤）绞车管理等安全技术措施，扣1分	煤矿
二、采煤（100分）						
	…					

表 6-4（续）

要素	类别	项目	审计要点	审计方法	分值	评分方法	适用范围
三、掘进（100分）	（一）重大隐患（10分）	使用明令禁止使用或者淘汰的设备、工艺（5分）	未按照矿井瓦斯等级选用相应的煤矿许用炸药和雷管，未使用专用发爆器，或者裸露爆破的	（1）查阅煤矿瓦斯等级鉴定报告及煤矿使用炸药和雷管厂家产品合格证，抽查井下在用炸药、雷管、发爆器是否满足煤矿安全规程要求。（2）检查作业现场是否存在裸露放炮	5	1项不符合要求不得分	公司+煤矿
	（二）组织机构及制度（5分）	组织机构	煤矿企业设置掘进管理机构，配齐管理人员、技术人员和作业人员	查资料。煤矿任职和机构设置文件	3	缺任职和机构设置文件，不得分；人员配置不足，缺1人扣1分	公司+煤矿
		……					
	（三）掘进技术管理（11分）	监测控制	（1）煤巷、半煤岩巷锚杆（索）支护巷道进行顶板离层观测，并填写记录牌板。（2）进行围岩观测并分析、预报	检查是否制定管理制度，检查现场观测记录及观测资料，观测资料分析对安全生产是否有指导意义	2	查现场和资料。未制定顶板离层观测、记录牌板内容不全，扣1分；围岩观测分析报告不符合要求，扣1分	煤矿
		……					

项目	子项目	标准	审计内容	分值	扣分标准	责任主体
三、掘进（100分）	（四）生产组织（4分）	机化程度	（1）煤巷、半煤岩巷综合机械化程度不低于50%。（2）材料、设备采用机械运输，人工运料距离不超过300 m	检查煤矿企业掘进计划及设备配备情况，抽查现场采用的机械运输及人工运料距离是否符合要求	2	查现场和资料。综合机械化程度不符合要求，不得分；人工运料距离超过规定，每增加20 m，扣0.5分	公司＋煤矿
	（五）掘进设备管理（15分）	掘进机械	激光指向仪、工程质量验收使用的器具（仪表）完好精准	检查激光指向仪、工程质量验收使用的器具（仪表）是否配齐，是否完好精准	2	查现场。器具（仪表）不完好，不得分	煤矿
		…				
	（六）井巷维护管理（20分）	井巷维修	矿井必须制定井巷维修制度，加强井巷维修，保证通风，运输畅通和行人安全	检查是否制定井巷维修制度，检查是否落实	2	查现场。未制定井巷维修制度不得分；现场未按制度执行，1处扣1分	煤矿
		…				
	（七）爆破物品管理（15分）	爆炸物品管理	井下爆炸物品库、爆炸物品贮存、发放、运输及退库等应统一协调，责任明确，做到依法依规科学管理	（1）检查井下爆炸物品库、爆炸物品贮存是否符合《煤矿安全规程》第328～342条的规定。（2）有爆炸物品领（退）制度，电雷管（包括清退的电雷管）在发给爆破工前，用电雷管检测仪逐个测试电阻值，并将脚线组结成短路	5	查现场和资料。无无领退制度扣3分；责任分工，未按规定发放，扣3分	公司＋煤矿
		…				

表6-4（续）

要素	类别	项目	审计要点	审计方法	分值	评分方法	适用范围
四、机电（100分）	（一）重大隐患（10分）	使用明令禁止或淘汰设备、工艺（6分）	使用国家明令禁止或列入被淘汰目录的产品或者工艺的煤矿机电设备、工艺的	（1）查设备管理台账、图。（2）查设备技术档案及使用维护说明书。（3）查现场设备铭牌，是否存在淘汰设备	3	1项不符合要求，不得分	煤矿
	...	...					
	（二）基础管理（15分）	组织机构	机电管理职能机构健全，煤矿应配备分管机电工作的矿长以及分管专业区队的专业技术人员，各生产区队应有有机电管理和技术人员，责任、分工明确	查阅负责机电管理工作的职能机构成立文件和专业化小组机构图表及分工，证实机电管理人员分工、职责是否明确	2	查资料。不符合要求，1项扣1分	公司+煤矿
		技术管理	机电设备选型论证、购置、检修、维护、安装、使用、更新改造、报废等综合管理及程序符合相关规定，档案资料齐全、大型主要设备做到一台一档	检查有无机电设备备品和档案资料；重点检查提人绞车、主要通风机等设备的关键部位技术改造后资料是否留存，管理及规程是否符合要求	1	查现场和资料。不符合要求，1处扣1分	公司+煤矿
		...					
	（三）电气设备管理（21分）	安全操作	容易碰到的、裸露的带电体及机械外露的转动和传动部分加装护罩或者遮栏等防护设施；电气设备不应超过额定值运行	现场查电体和外露转动部位是否有防护设施，查电气设备选型、整定值是否在额定值范围	1	查现场。不符合要求，1处扣0.5分	煤矿
		...					

项目	子项目	审计内容	审计标准	分值	审计方法	备注
四、机电（100分）	（四）变电所及机房设备管理（7分）	机房设备布置	井下机电硐室装设便于外开的防火铁门，铁门上装设便于关闭的通风孔；井下中央变电所和主要排水泵房的地面标高，比出口与井底车场或大巷连接处的底板标高高出0.5 m	现场查机电硐室布置、防火门是否符合要求	1	查现场和资料。不符合要求，1处扣0.5分	煤矿
		…					
	（五）矿井供电系统管理（12分）	地面供电系统	正常情况下，矿井电源采用分列运行方式，矿井两回路电源线路同时运行；当一回路发生故障停止运行时，另一回路能担负矿井全部用电负荷；矿井两回路电源线路上都不得分接任何负荷；矿井电源线路上严禁装设负荷定量器等各种限电断电装置	查矿井供电设计、供电系统图，现场查矿井供电源线路、主变压器运行方式是否符合规定；现场查矿井供电线路上有无分接负荷或装设限电断电装置	2	查现场和资料。不符合要求，1处扣1分	煤矿
		…					
	（六）煤矿机械（24分）	主提升系统（立、斜井绞车）	提升系统能力，满足矿井安全生产需要	查煤矿机电专业对各系统能力核算有关资料，看提升系统能力核算是否正确，是否满足矿井安全生产需要	1	查现场和资料。不符合要求，1处扣0.5分	煤矿
		…					
	（七）供电线路（6分）	地面线路	10 kV及其以下的矿井架空电源线路，不得共杆架设	查现场架空线路设置情况	1	查现场和资料。不符合要求，1处扣1分	煤矿
		…					

表 6-4（续）

要素	类别	项目	审计要点	审计方法	分值	评分方法	适用范围
四、机电（100分）	（八）矿井照明、信号及蓄电池管理（5分）	矿井照明	井底车场及其附近、机电设备硐室、调度室、信号站、机车库、爆炸物品库、候车室、瓦斯抽采泵站、使用机车的主要运输巷道、兼作人行道的集中带式输送机巷道、升降人员使用的绞车道以及升降物料和人行交替使用的绞车道等地点有足够照明；地面的调度室、通风机房、绞车房、压风机房、变电所等重要场所设有应急照明设施	现场核查，规程要求设置照明的地点和场所是否有照明，现场查看重要机房、调度室是否有应急照明	1	查现场。不符合要求，1处扣0.5分	煤矿
		…					
五、提升运输（100分）	（一）重大隐患（9分）	提升保护装置	提升（运送）人员的提升机应按照《煤矿安全规程》规定安装保护装置或者保护装置失效的，或者超员运行的	(1) 现场检查试验，立井和斜井提升人员的提升机未按照《煤矿安全规程》第四百二十三条规定安装以下保护装置，或者保护装置失效的：①过卷和过放保护；②过速保护；③过负荷和欠电压保护；④限速保护；⑤提升容器位置指示保护；⑥闸瓦间隙保护；⑦松绳保护；⑧减速功能保护；⑨错向运行保护。其中过卷保护、超速保护、限速保护和减速功能保护未设置及双线闭锁的。(2) 查现场和资料，调取工业视频或现场实际检查，查看立井提升罐笼一次乘罐人数是否超规定	3	1项不符合要求，不得分	煤矿
		…					

五、提升运输（100分）	（二）基础管理（5分）	管理制度	运输安全管理制度完善、齐全；各项管理制度执行落实到位	查阅运输安全管理制度，编制是否齐全，审核是否合规；查现场制度是否执行到位	1	查现场和资料。缺1项制度，扣0.5分；内容不符合要求，1项扣0.5分；1项制度不执行，扣0.5分	公司+煤矿
	（三）基础设施（3分）	巷道和硐室	巷道、硐室满足运输设备安装、运行、检修、操作的要求	现场查看巷道、硐室是否满足运输设备安装、运行、检修、操作的要求	1	查现场。不符合要求，1处扣1分	公司+煤矿
		…					
	（四）轨道机车（8分）	机车运行监控系统	机车装备监控系统和信号控制系统	生产矿井同一水平行驶7台以上机车时，是否设置机车运输监控系统；同一水平行驶5台及以上运输集中信号控制系统。新建大型矿井的井底车场和运输大巷是否设置机车运输监控系统或者运输集中信号控制系统	1	查现场和资料。不符合要求，1处扣1分	煤矿
		…					

表 6-4（续）

要素	类别	项目	审计要点	审计方法	分值	评分方法	适用范围
五、提升运输（100分）	（五）架空乘人器（8分）	设计要求	采用架空乘人装置运送人员时有专项设计	检查是否有专项设计；吊椅中心至巷道一侧突出部分的距离是否小于0.7 m，双向同时运送人员时钢丝绳同距是否小于0.8 m，固定抱索器的钢丝绳间距是否小于1.0 m；乘人吊椅距底板的高度是否小于0.2 m，在上下人站处是否大于0.5 m，乘坐间距离是否小于牵引钢丝绳5 s 的运行距离	1	查资料和现场。不符合要求，1 处扣1分	煤矿
	（六）斜井（平巷）人车（4分）	保护装置	人车运输时，车辆设置可靠的制动装置	检查人车是否设置可靠的制动装置	1	查现场和资料。机车未按规定装设有关装置，1处扣1分，其他不符合，1处扣1分	煤矿
	…	…					
	（七）斜巷串车提升（7分）	跑车防护装置	在倾斜井巷内安设能够将运行中断绳、脱钩的车辆阻止住的跑车防护装置	检查倾斜井巷内是否安设跑车防护装置	2	查现场。不符合要求，1处扣1分	煤矿
			在各车场安设能够防止跑车区段的阻车器；在上部平车场入口安设能够控制车辆进入摘挂钩地点	在各车场是否安设能够防止车辆误入非运行车场或者区段的阻车器	1	查现场。不符合要求，1处扣1分	煤矿
		…					

分类	项目	一般规定	内容	分值	审计方法与评分标准	审计对象
五、提升运输（100分）	（八）无极绳牵引卡轨车、绳牵引单轨吊车（3分）	保护及信号装置	设置越位、超速、张紧力下降、断绳等保护	是否设置越位、超速、张紧力下降、断绳等保护是否齐全，灵敏可靠	1	查现场和资料。未按规定安装有关装置，1处扣1分	煤矿
	（九）无轨胶轮车（10分）	设备管理 ……	无轨胶轮车设置工作制动、紧急制动和停车制动采用湿式制动器	无轨胶轮车是否设置工作制动、紧急制动，工作制动是否采用湿式制动器	1	查现场和资料。未按规定安装有关装置，1处扣0.5分	煤矿
	（十）立井提升（15分）	一般规定 ……	立井中升降人员使用罐笼；在井筒内作业或者因其他原因，需要使用普通箕斗或者救急罐升降人员时，制定安全措施	检查制度、规定及措施；在井筒内升降人员或者因其他原因，立井中升降作业斗或者救急罐升降人员时，是否制定安全措施	2	查现场和资料。不符合要求，1处扣1分	煤矿
	（十一）调度绞车（1分）	安全规定 ……	安装符合设计要求，制动装置符合规定、声光信号齐全、完好	现场检查安装是否符合设计要求，验收是否合格	1	查现场和资料。不符合要求，0.5分	煤矿

表6-4（续）

要素	类别	项目	审计要点	审计方法	分值	评分方法	适用范围
五、提升运输（100分）	（十二）单轨吊车（10分）	保护装置	具备2路以上相对独立回油的制动系统；设置既可手动又能自动回油的安全闸	现场检查制动是否可靠	1	查现场。不符合要求。不得分	煤矿
		……					
	（十三）带式运输（7分）	设计要求	提升运输能力，满足矿井、采区安全生产需要	检查提升系统能力，核算有关资料，看能力核算是否正确，是否满足矿井安全生产需要	2	查现场和资料。不符合要求，1处扣1分	煤矿
	（十四）钢丝绳和连接装置（5分）	安全要求	钢丝绳安全系数，插接长度、断丝量、直径减小量、锈蚀程度符合规定	查阅钢丝绳安全系数计算资料，现场检查插接长度、断丝量、直径减小量、锈蚀程度是否符合规定	1	查现场和资料。不符合要求，1处扣0.5分	煤矿
		……					
	（十五）提升装置（4分）	保护设置	提升装置装设过卷和过放保护、超速保护、过负荷和欠电压保护、限速保护、提升容器位置指示保护、仓位超限保护、减速功能保护、错向运行保护等	现场检查提升装置是否按规定装设过卷和过放保护、超速保护、过负荷、提升容器松绳、闸瓦间隙保护、减速功能保护、仓位超限保护、错向运行保护	1	查现场和资料。不符合要求，1处扣0.5分	煤矿
			设置机械制动和电气制动装置，机械制动装置采用弹簧式，能实现工作制动和安全制动	现场检查提升装置为弹簧式机械制动，是否能实现工作制动，是否能实现制动	1	查现场。不符合要求，1处扣0.5分	煤矿
		……					

六、一通三防（100分）	（一）重大隐患（34分）	无通信联络、压风、供水、自救、压风设施（1分）	采掘工作面未按照国家规定安设压风、供水、通信线路及装置的	（1）查现场。采掘工作面是否按规定敷设压风管路并设置供气阀门。 （2）查现场。采掘工作面是否安设直通矿调度室的有线调度电话	1	1项不符合要求，不得分	煤矿
	（二）基础管理（10.5分）	组织机构	煤矿企业设有负责通风、瓦斯、防尘、防灭火、瓦斯抽采、突出管理等工作的管理机构，有专门的瓦斯抽采和突出防治队伍，明确管理职责	（1）查看××公司、矿井是否有机构设置文件。 （2）查看机构是否齐全。作资格证是否齐全 （3）有高、突矿井的××公司是否配备通风副总工程师，有高、突矿井及水文地质复杂矿井的××公司是否配备水文地质副总工程师	1	查资料。未设置一通三防管理机构，扣1分；未配齐管理人员，扣1分；技术人员，扣1分；职责未明确，1项扣1分	公司＋煤矿
	（三）通风管理（15分）	通风系统	全矿井、一翼或者一个水平通风系统改变时，编制通风设计及安全技术措施，经××公司技术负责人审批	查看通风设计及安全技术措施的编制内容和审批手续是否符合要求	1	查现场和资料。改变通风系统无审批措施的，扣1分；其他不符合要求，1处扣1分	公司＋煤矿

表 6-4（续）

要素	类别	项目	审计要点	审计方法	分值	评分方法	适用范围
六、一通三防（100分）	（四）瓦斯管理（6.5分）	鉴定及措施	按《煤矿安全规程》规定进行煤层瓦斯含量、瓦斯压力等参数测定和矿井瓦斯等级鉴定及瓦斯涌出量测定工作	查阅低瓦斯矿井是否每2年进行瓦斯等级和二氧化碳涌出量鉴定工作；	0.5	查现场。未按规定组织鉴定，不得分	煤矿
		...					
	（五）突出防治（5.5分）	一般规定	突出矿井在编制生产发展规划和年度编制相应的区域防突措施规划和年度实施计划；矿井开拓煤量大于5年、准备煤量大于2年、回采煤量大于1年，保护煤量小于2年	（1）查阅矿井在制生产计划时是否编制相应的区域防突措施规划和年度实施计划。（2）查突出矿井"三量"是否满足规定要求	0.5	查现场和资料。不符合要求，1处扣0.5分	煤矿
		...					
	（六）瓦斯抽采（7分）	一般规程	高瓦斯煤矿在编制生产发展规划和年度编制相应的瓦斯抽采达标规划，实行"矿一面一策"，做到先抽后掘、先抽后采，抽采达标，确保抽掘采平衡	查阅高瓦斯煤矿在编制生产发展规划和年度计划时是否编制瓦斯抽采达标规划和年度实施计划	0.5	查现场和资料。不符合要求，1处扣0.5分	煤矿
		...					

项目	细目	内容	检查方法	分值	评分标准	责任单位
（七）防灭火管理（16.5分）	一般规定	开采容易自燃和自燃的单一厚煤层或者煤层群的矿井，集中运输大巷和总回风巷布置在岩层中或者容易自燃的煤层内；布置在容易自燃或者自燃的煤层内时，进行锚喷或者砌碹	现场查看集中运输大巷和总回风巷布置情况，是否进行锚喷和砌碹	0.5	查现场。1处不符合要求，扣0.5分	煤矿
		……				
六、一通三防（100分）						
（八）防尘管理（5分）	一般规定	井下主要运输巷、带式输送机斜井平巷、上山与下山，采区运输巷与回风巷，采煤工作面运输巷与回风巷、掘进巷道、煤仓放煤口、溜煤眼放煤点等地点敷设防尘供水管路，并安设支管和阀门；防尘用水水质符合规程要求	通过查防尘系统图标和现场核查，检验防尘供水管路布置和阀门设置是否符合要求	0.5	查现场和资料。不符合要求，1处扣0.5分	煤矿
		……				
七、安全监控与通信（100分）						
（一）重大隐患（9分）	监测监控有效断电可靠	未按规定安设、调校甲烷传感器，人为造成甲烷传感器失效的，瓦斯超限后不能报警、断电或者断电范围不符合规定的	（1）查安全监控系统图标、断电控制图。（2）查安全监控系统传感器报警、断电设置是否符合要求。（3）查甲烷传感器调校记录。（4）现场测试报警、断电功能	3	1项不符合要求，不得分	公司+煤矿
	…					

表6-4（续）

要素	类别	项目	审计要点	审计方法	分值	评分方法	适用范围
七、安全监控与通信（100分）	（二）安全监控与通信系统一般要求及主要功能（27分）	系统构建	所有矿井装备安全监控系统、人员位置监测系统、有线调度通信系统、井下应急广播系统；系统应24小时连续运行；具备实时上传数据的功能，在矿调度室设置设备集中显示、控制、存储及查询	检查矿井安全监控系统、人员位置监测系统、有线调度通信系统、广播系统有无装备、运行是否正常；井下现场测试应急广播系统应急命令是否能清晰听见	3	查现场和资料。不符合要求，1处扣2分	公司+煤矿
		…					
	（三）安全监控与通信装备设置（28分）	监控与通信装备设置要求	矿井进入主要大巷施工前，安装安全监控系统、人员位置监测系统	查现场相关设备安装布置情况和开工验收报告	2	查监控系统、人员位置监测和通信系统，1项未安装，不得分	煤矿
		…					
	（四）安全监控与通信系统使用与维护（10分）	日常巡检维护	井下安全监测安全监控设备及线缆运行情况，有问题及时处理并汇报矿调度室，做好相关记录	检查值班制度、巡检记录、故障处理记录	2	查现场和资料。不符合要求，1处扣1分	煤矿
		…					

项目	子项目	内容	现场检查	分值	评分标准	责任
七、安全监控与通信（100分）	（五）安全监控与通信系统及联网信息处理（9分）	分级管理	煤矿安全监控系统联网实行分级管理；煤矿向上一级安全监控中心上传实时监控数据；××公司对煤矿安全监控系统的运行进行监督和指导	现场通过软件查看数据上传情况	3	查现场和资料。不符合要求，1处扣2分	公司+煤矿
		…			…		
	（六）管理制度与技术资料及人员配备（17分）	管理制度及人员配备	（1）××公司、煤矿建立安全监控管理机构，安全监控管理由××公司、煤矿主要技术负责人领导，并配备足够的人员。（2）××公司的安监部门配备安全监控与通信专业的专职安监员（3）安全监控工及检修、值班人员经培训合格，持证上岗	检查安全监控管理制度、任命文件、定员定编、人员取证情况	3	查资料。未按要求，不得分；建立机构，人员配备不符合要求，1处扣1分；其他不符合要求，1处扣1分	公司+煤矿
		…			…		

表 6-4（续）

要素	类别	项目	审计要点	审计方法	分值	评分方法	适用范围
八、地测防治水（100分）	（一）重大隐患（18分）	有严重水患，未采取有效措施	未查明矿井水文地质条件和井田范围内采空区、废弃老窑积水等情况而组织生产建设的	（1）查勘探地质报告、水文地质类型报告等，查是否进行了井田水文地质勘探，是否查明矿井充水水源、导水通道及充水强度，能否满足矿井防治水工程设计或安全生产建设要求。 （2）查矿井水文地质条件发生较大变化、突水水源、突水量与勘探报告差别较大，或出现新的含（导）水构造，矿井水文地质类型进一步复杂化，原有勘探成果资料难以满足矿井水文地质补充勘需要，是否进行矿井水文地质补充勘探、查补充勘探报告。 （3）查是否查明井田主要含水层富水性、地下水补、径、排等水文地质条件。 （4）查是否按《煤矿防治水细则》要求编制矿井水文地质类型划分报告，或者是否故意降低矿井水文地质类型级别。 （5）查是否查明井田范围内采空区、废弃老窑的积水位置、范围、水压、积水量，或者未在矿井充水性图、采掘工程平面图上标明积水线、探水线、警戒线	2	1项不符合要求，不得分	公司＋煤矿

			内容	评价方法	分值	评分标准	责任主体
八、地测防治水（100分）	（二）地质保障（11分）		煤矿企业及所属矿井设立地测部门，配备地质及相关专业技术人员，煤矿地质类型复杂或极复杂的煤矿企业及所属矿井还配备地质副总工程师	查阅是否有地测部门的机构成立文件，查阅地质副总工程师任命文件，看是否每个专业都有专业技术人员	3	查资料。1项不符合要求，不得分	公司+煤矿
		…	…				
	（三）水害防治（71分）		每个煤矿配备满足工作需要的防治水专业技术人员；水文地质条件复杂或极复杂的煤矿的煤矿还设立专门的防治水机构，配备防治水副总工程师且防治水技术人员不少于3人	查阅是否有防治水机构的成立文件，查阅和防治水副总工程师任命文件，是否有防治水专业且职责分工文件且人数满足要求	3	查资料。1项不符合要求，不得分	煤矿
		…	…				
九、冲击地压（100分）	（一）重大隐患（20分）	有冲击地压危险，未采取有效措施	未按照国家规定进行煤层（岩层）冲击倾向性鉴定；开采有冲击倾向性煤层未进行冲击危险性评价；或者开采冲击地压煤层，未进行采区、采掘工作面冲击危险性评价的	检查煤矿首次发生过冲击地压动力现象后，半年内是否完成冲击地压危险性鉴定	4	1项不符合要求，不得分	公司+煤矿
		…	…				

表 6-4（续）

要素	类别	项目	审计要点	审计方法	分值	评分方法	适用范围
九、冲击地压（100分）	（二）基础管理（11分）	组织机构	有冲击地压矿井的煤矿企业，明确分管冲击地压防治工作的负责人及业务主管部门，配备相关的业务管理人员	检查××公司是否有防冲机构设置文件及防冲人员管理台账	4	查资料。不符合要求，1处扣2分	公司
		…	…				
	（三）技术支持（36分）	冲击倾向性鉴定	有下列情况之一的，进行煤层（岩层）冲击倾向性鉴定：（1）有强烈震动、瞬间底（帮）鼓、煤岩弹射等动力现象的。（2）埋深超过400 m的煤层，且煤层上方100 m范围内存在单层厚度超过10 m，单轴抗压强度大于60 MPa的坚硬岩层。（3）相邻矿井采的同一煤层发生过冲击地压或经鉴定为冲击地压煤层的。（4）冲击地压矿井开采新水平、新煤层	检查是否有井下发生明确的冲击地压以及有明显动力显现情况的详细记录；检查是否有冲击倾向性鉴定报告	3	查现场和资料。不符合要求，1处扣1分	公司＋煤矿

九、冲击地压（100分）	(三)技术支持（36分）	冲击危险性评价	开采具有冲击倾向性的煤层，进行冲击危险性评价	(1)检查开采具有冲击倾向性的煤层，是否进行冲击危险性评价。(2)检查评价结果是否明确冲击危险等级（无、弱、中、强），是否进行冲击危险区域划分。(3)检查进行煤层、采区冲击危险性评价单位是否为具有冲击地压研究基础与评价能力的科研机构或是否经验收的煤矿防治冲击地压工作具有5年以上冲击地压防治经验的煤矿企业。(4)采掘工作面冲击危险性评价由煤矿组织开展时，是否报煤矿企业技术负责人审批。	3	查现场和资料。不符合要求，1处扣1分	煤矿
		…					
		防冲安全论证	(1)冲击地压煤层严格按顺序开采，不得留孤岛煤柱，如果在采空区内留煤柱时，要进行论证，报企业技术负责人审批。(2)冲击地压煤层开采孤岛煤柱前，煤矿企业组织专家进行防冲安全开采论证，论证结果为不能保障安全开采的，不得进行采掘作业。(3)严重冲击地压矿井不得开采孤岛煤柱。…	(1)在冲击地压煤层采空区内留煤柱时，检查是否有采空区内留煤柱论证报批及批复文件。(2)冲击地压煤层开采孤岛煤柱时，检查是否有开采孤岛煤柱论证报告；检查采掘工程平面图上是否标明煤柱的位置、尺寸及影响范围。(3)检查严重冲击地压矿井是否开采孤岛煤柱	3	查现场和资料。不符合要求，1处扣1分	公司+煤矿

表 6-4（续）

要素	类别	项目	审计要点	审计方法	分值	评分方法	适用范围
九、冲击地压（100 分）	（三）技术支持（36 分）	防冲专项措施	有冲击地压危险的采掘工作面作业规程中包括防冲专项措施。防冲专项措施依据防冲设计编制，包括采掘作业区域冲击危险性评价结论、效果检验方法、防治方法、冲击地压监测方法、安全防护方法以及避灾路线等主要内容	（1）检查作业规程内容是否包含防冲专项措施。（2）检查防冲专项措施是否依据防冲设计编制，措施内容是否包括采掘作业区域冲击危险性评价结论、冲击地压监测方法、防治方法、效果检验方法、安全防护方法以及避灾路线等主要内容。（3）检查现场是否按防冲专项措施落实到位	3	查现场和资料。不符合要求，1 处扣 1 分	煤矿
		⋯	⋯	⋯			
	（四）监测预警预测（6 分）	冲击危险性预测	冲击地压矿井进行区域预测和局部预测，对矿井、水平、煤层、采（盘）区、采掘工作面、巷道、硐室进行冲击危险性评价，划分冲击地压危险区域和确定危险等级	（1）检查是否对矿井、水平、煤层、采（盘）区、采掘工作面、巷道、硐室进行冲击危险性评价。（2）检查冲击危险性评价报告是否确定危险等级。（3）检查冲击地压危险区域划分冲击地压危险区域，是否依据不同的危险等级。（4）检查防冲设计是否按冲击危险性预测预测结果制定相应的防治措施，是否按措施落实到位	2	查现场和资料。不符合要求，1 处扣 1 分	煤矿
		⋯					

项目	内容	检查内容	分值	标准	对象
九、冲击地压（100分）	（五）防冲措施（9分）	区域防冲措施	冲击地压矿井选择合理的开拓方式、采掘部署、开采顺序、煤柱留设、采煤方法、采煤工艺及开采保护层等区域防冲措施	检查防冲设计、防冲专项措施内容是否包括开拓方式、采掘部署、开采顺序、煤柱留设、采煤方法、采煤工艺及开采保护层等区域防冲措施	3	查现场和资料。不符合要求，1处扣1分	煤矿
		局部防冲措施	（1）冲击地压矿井在采取采取区域措施基础上，选择煤层钻孔卸压、煤层爆破卸压、顶板爆破预裂、顶板注水、底板爆破钻孔或爆破等至少一种有针对性、有效的局部防冲措施。 （2）采用钻孔卸压措施时，制定防止诱发冲击伤人的安全防护措施。 （3）实施煤层爆破卸压时，起爆点及警戒点到爆破地点的直线距离不得小于300 m，聚炮时间不得小于30 min	（1）检查煤层钻孔卸压设计是否明确钻孔孔深、孔径、孔距等参数。 （2）检查爆破卸压设计是否明确孔深、孔距、装药量、封孔长度、起爆间隔时间、起爆方法、一次爆破的孔数等参数。 （3）检查实施煤层钻孔时，是否制定防止打钻诱发冲击伤人的安全防护措施	3	查现场和资料。不符合要求，1处扣1分	煤矿
		效果检验	冲击地压危险工作面实施解危措施后，进行效果检验，确认检验结果小于临界值后，方可进行采掘作业	（1）检查实施解危措施后是否进行效果检验。 （2）检查防冲效果检验是否采用钻屑法、应力监测法或微震监测法，防冲效果检验的指标是否参考监测预警指标执行	3	查现场和资料。不符合要求，1处扣1分	煤矿

表 6-4（续）

要素	类别	项目	审计要点	审计方法	分值	评分方法	适用范围
九、冲击地压（100分）	（六）安全防护（18分）	人员准入与限员管理	（1）采煤和掘进作业规程中明确规定人员进入的时间、区域和人数。（2）冲击地压煤层的掘进工作面 200 m 范围内进人数人员不得超过 9 人，回采工作面及两巷前支护范围内进入人员、生产班不得超过 16 人、检修班不得超过 40 人	（1）检查"人员准入制度"是否符合规定。（2）检查井下现场限员管理站设置是否符合规定。（3）抽查人员定位系统，"人员准入制度"是否落实到位	2	查现场和资料。不符合要求，1 处扣 1 分	煤矿
十、基本建设（100分）	（一）重大隐患（12分）	煤矿没有双回路供电系统或电系统不完善、不可靠（3分）	进入二期工程的高瓦斯、煤与瓦斯突出及水害严重的建设矿井，进入三期工程的其他建设矿井，没有形成双回路供电的	查矿井供电设计及供电系统图，查现场，是否形成双回路电源	3	查现场和资料，1 项不符合要求，不得分	煤矿
		⋯	⋯				
	（二）项目管理（9分）	招标管理	规范建设项目招投标	查招标公告、招标文件、招标程序、是否有违规招标行为	3	查资料，不符合招投标程序，不得分	公司
		⋯	⋯				

项目		内容	审计内容	查证方法	分值	扣分标准	责任
十、基本建设（100分）	（三）设计图纸及变更及管理（7分）	图纸资料	井工煤矿建设及时及填绘反映实际情况图纸	查图纸是否齐全，查交换图是否及时	3	查资料。不符合要求，不得分	公司+煤矿
		变更及管理	矿井建设期间，因矿井地质、水文地质等条件与原地质资料出入较大时，针对所存在的地质问题开展补充地质勘探工作	查是否有勘探单位提交的地质报告、钻孔资料，施工单位是否有施工期间的地质资料和勘探资料	2	查现场和资料。不符合要求，1项扣1分	公司+煤矿
		…	…				
	（四）建设单位及安全管理（9分）	责任制及管理制度	建设单位及项目部建立健全管理机构及安全管理制度、岗位责任制，保证对建设项目施工的监督管理；建立各方参建责任制，统一指挥，优势互补，反应灵敏，控制有效的安全管理机制	查是否有建设单位机构设置文件，是否建立健全各级负责人、各部门、各岗位安全生产责任制；各项安全生产管理制度是否健全	3	查资料。未设置管理机构，不得分；未配齐管理人员、技术人员和作业人员，1人扣1分；安全管理制度，缺1项扣1分；未明确各岗位责任、责任范围，缺1个扣1分；随机抽考建设单位领导、管理技术人员4人，1人不清楚岗位责任，扣1分；未建立各方信息畅通、反应灵敏、统一指挥、控制有效的安全管理机制，1项扣1分，制度执行不到位，1处扣1分	公司+煤矿
		…					

表 6-4（续）

要素	类别	项目	审计要点	审计方法	分值	评分方法	适用范围
十、基本建设（100分）	（五）施工单位安全管理（15分）	责任制和管理制度	施工项目部建立健全安全生产责任制、制定项目领导和管理人员现场带（跟）班等安全生产规章制度，各工种操作规程，应急救援预案；配备满足施工安全需要的装备，以及矿建、机电、通风、地测等专职安全生产管理人员，工程技术人员和特种作业人员	查是否有机构成立文件、责任制、管理制度、危险源辨识、各工种操作规程、应急救援预案等；查人员证件是否有效	3	查资料。不符合要求，1项扣1分	煤矿
		施工组织管理	编制施工组织设计、作业规程、安全技术措施及重大灾害应急预案等，报上一级主管单位审批，并报建设、监理单位会审后实施	查施工组织设计、作业规程、安全技术措施及重大灾害应急预案是否按规定审批。建设方、施工方、监理方有关人员会审	3	查资料。不符合要求，1项扣1分	煤矿
		…	…	…			
	（六）监理单位安全管理（4分）	机构及措施	配备与建设项目监理工作相适应的足够数量的监理工程师和监理人员进行监理工作	查是否有机构设置文件、监理工程师和监理人员及监理设备；是否编制了包括安全监理内容的项目监理规划	2	查资料。不符合要求，1项扣1分	煤矿
		…	…				

十、基本建设（100分）	（七）井巷施工（44分）	一般规定	开凿或者延深立井时，井筒内有在提升设备故障时专供人员出井的安全设施和出口；井筒贯通，先短路贯通，形成至少2个通达地面的安全出口	现场检查开凿或者延深立井时，井筒内是否设置在提升设备发生故障时专供人员出井的安全设施和出口；井筒贯通到底后，是否设置了2个通达地面的安全出口	4	查现场。不符合要求，不得分	煤矿
			…	…			

表 6-5 主要负责人安全管理履职尽责民主测评表

参与测评人员岗位性质：主要负责人□ 领导班子其他成员□ 部门（煤矿）主要负责人□

年 月 日

序号	测评内容	基本分	测评分	
			董事长	总经理
1	建立健全并落实全员安全生产责任制，加强安全生产标准化建设	15		
2	组织制定并实施本单位安全生产规章制度和操作规程，有效承接上级公司规章制度和要求，制度实用、可用	15		
3	组织制定并实施本单位安全生产教育和培训计划	15		
4	保证本单位安全生产投入的有效实施	15		
5	组织建立并落实安全风险分级管控和隐患排查治理双重预防工作机制，督促、检查本单位安全生产工作，及时消除生产安全事故隐患	15		
6	组织制定并实施本单位的生产安全事故应急救援预案	15		
7	及时、如实报告生产安全事故，认真总结经验教训	10		
	合计得分	100		

表 6-6 其他负责人安全管理履职尽责民主测评表

参与测评人员岗位性质：主要负责人□ 领导班子其他成员□ 部门（煤矿）主要负责人□

年 月 日

序号	测评内容	基本分	测评分						
			×××	×××	×××	×××	×××	×××	×××
1	牢固树立"人民至上、生命至上"思想，按照"三个必须"要求，积极履行分管范围内的安全生产责任	25							
2	组织分管范围内安全风险辨识和评估，督促落实重大安全风险管控措施	15							
3	严格执行安全生产规章制度，制止和纠正违章指挥、强令冒险作业、违反操作规程的行为	15							

表6-6(续)

序号	测评内容	基本分	测评分						
			×××	×××	×××	×××	×××	×××	×××
4	按照岗位分工和安全生产责任制,经常深入基层单位和生产现场,检查、指导安全生产工作,督促治理隐患	15							
5	关心、支持和改善生产人员工作环境、职业健康和劳动保护条件	15							
6	参加、支持安全生产培训工作,自觉学习安全生产知识	15							
	合计得分	100							

表6-7 安全管理审计访谈提纲

(一)××公司(煤矿)领导班子成员访谈提纲

1. 请谈谈你单位在学习习近平总书记关于安全生产重要论述方面是如何开展的,近期开展了哪些学习,本单位是如何结合实际贯彻落实的。

2. 习近平总书记提出的"三个必须",请回答具体内容。你是如何落实"三个必须"的?谈谈"三个必须"对促进工作的重要意义以及贯彻落实"三个必须"面临的困难。

3. 关于学习习近平总书记关于安全生产重要论述,××集团提出"三个第一""两个必学""四个到位"要求,请谈谈具体内容是什么。

4. 请谈谈你本人的分管工作有哪些。你本人的安全生产责任制包括哪些内容?结合职责,谈谈你本人是如何履职尽责的。

5. 请谈谈你对矿山安全生产综合整治、矿山重大事故隐患专项排查整治工作的认识,分几个阶段,每个阶段的具体任务是什么,本单位的主要任务有哪些,你单位是如何推动落实的。

6. 请谈谈你对安全生产专项整治三年行动、安全生产大检查的理解和认识。你单位在推进安全生产专项整治常态化方面做了哪些工作?"两个清单"未完成的任务还有哪些?如何推进的?

7. 请谈谈本单位存在哪些重大安全风险,哪些重大事故隐患,在重大安全风险防范化解、解决安全生产突出问题等方面主要做了哪些工作,取得了哪些成效,还存在哪些困难和问题。

8. 请谈谈新《安全生产法》《刑法修正案(十一)》修改的主要内容是什么,本部门如何组织贯彻落实的。

9. 简要谈谈对做好煤矿安全生产工作的看法。

(二)部门相关负责人访谈提纲

1. 请谈谈你部门在学习习近平总书记关于安全生产重要论述方面是如何开展的,近期开展了哪些学习,本部门是如何结合实际贯彻落实的。

表 6-7（续）

2. 习近平总书记提出的"三个必须"，请回答具体内容。结合分管工作内容，谈谈"三个必须"对促进工作的重要意义以及贯彻落实"三个必须"面临的困难。

3. 请谈谈你的岗位职责、分管业务范围，部门、本岗位安全生产责任制的主要内容是什么。结合职责，谈谈你本人是如何履职尽责的。

4. 请谈谈你对矿山安全生产综合整治、矿山重大事故隐患专项排查整治工作的认识，分几个阶段，每个阶段的具体任务是什么。谈谈你部门负责的主要任务有哪些，你部门是如何推动落实的。

5. 请谈谈你对安全生产专项整治三年行动、安全生产大检查的理解和认识。谈谈你部门在推进安全生产专项整治常态化方面做了哪些具体工作，你部门分管范围内是否有"两个清单"未完成的任务，推进情况如何。

6. 请谈谈新《安全生产法》《刑法修正案（十一）》修改的主要内容是什么，本部门是如何组织贯彻落实的。

7. 近三年以来，分管领域是否发生过安全生产事故？谈谈本部门在吸取事故教训方面采取了哪些措施。

8. 谈谈做好安全生产工作的意见和建议。

三、审计方案示例

关于开展××公司及所属煤矿安全审计项目的
工作方案

为进一步查清××公司及所属煤矿在安全管理方面存在的问题和不足，提出针对性管控措施，持续提高煤矿安全生产水平，坚决防范遏制煤矿事故发生，××集团委托××安全审计咨询公司开展煤矿安全审计。有关工作安排如下：

一、安全审计范围

××公司及所属 1 处露天煤矿、1 处井工煤矿。

二、安全审计重点内容

（一）安全管理

主要依据：《国务院安全生产委员会关于印发〈全国重大事故隐患专项排查整治 2023 行动总体方案〉的通知》（安委明电〔2023〕1 号）、《国家矿山安全监察局关于开展矿山安全生产综合整治的通知》（矿安〔2023〕17 号）、《国家矿山安全监察局关于印发〈矿山生产安全事故报告和调查处理办法〉的通知》（矿安〔2023〕7号）、《国家矿山安全监察局关于进一步强化安全生产责任落实 坚决防范遏制矿山重特大事故的若干措施》（矿安〔2022〕70号）、××同志在全国矿山安全生产工作会议上的讲话（2023年1月11日）等国家相关政策文件及国家部委有关领导讲话精神。《××集团关于做好2023年安全生产工作的决定》（××安〔2023〕1号）、《××集团煤矿安全生产综合整治工作方案》（××安〔2023〕271号）、《关于贯彻落实"五个表率""六个切实强化"工作要求 开展中央企业安全管理强化年活动的通知》（××安〔2023〕40号）、《关于印发××集团安全生产百日攻坚十项措施的通知》、《关于印发深入贯彻落实习近平总书记重要指示精神进一步加强安全生产工作实施方案的通知》（××安〔2022〕264号）、《关于印发煤炭产业高风险作业安全管理指导意见的通知》（××安〔2022〕297号）、《关于全面推广煤矿矿长安全生产记分和全员安全积分有关事宜的通知》（××安〔2022〕339号）等关于煤矿安全生产方面的重要文件，以及××集团领导在工作会、安委会、安全生产视频会上重要讲话。包括但不限于以下方面：

1. 践行安全发展理念

深入学习宣传贯彻习近平总书记关于安全生产重要论述，作为党组（党委）理论学习中心组学习内容，作为安全生产工作"第一要务"和各级安委会"第一议题"，作为干部培训的"第一课"。坚持安委会"两个必学"。健全完善党组（党委）安全生产议事机制，定期听取安全生产工作汇报，研究解决安全生产重大问题。立足"两个根本"，组织研究本公司安全生产重大问题，研究制定贯彻落实措施并推动落地见效。坚持人民至上、生命至上，把员工生命安全和健康放在首位，统筹发展与安全，切实把安全生产作为企业发展的前提、基础和保障。树牢法治思维，强化重大决策安全合规性审查。（重点：学习论述，"三个第一"，"两个必学"，党委会、安委会研究重大议题，解决根本性问题。）

2. 健全完善安全生产责任制和管理制度

开展全员安全生产责任落实情况自查自纠，建立健全覆盖各层级、各部门、各岗位的全员安全生产责任制，建立责任清单，建立完善的安全生产责任监督考核机制，严格按照"失职追责"的要求落实考核和追责问责。建立并落实安全包保和联系点制度、各级领导班子成员安全履职公开述职制度。建立健全安全管理制度，严格落实制度要求，适时修订完善管理制度，确保制度有效性和适应性符合要求。（重点：全员安全生产责任制，责任清单，责任考核、追责问责落实；领导班子安全包保，协调解决问题；管理制度全面，制定、审批流程规范，内容结合实际，及时修订，有效落实。）

3. 严格落实领导班子安全职责

建立健全安委会工作制度，推行矿长记分管理。主要负责人严格履行安全生产第一责任人职责，严格落实七条法定职责和安全生产责任制。技术负责人严格落实安全生产技术决策和指挥权，其他分管负责人坚持"一岗双责"，履行好分管范围内的安全职责。主要负责人至少每月带队开展一次安全检查，每半年组织一次应急演练，每年讲一次安全公开课。主要负责人代表领导班子每年向全体员工和社会公开作出安全承诺并公示。（重点：主要负责人职责履行，安委会，矿长记分，技术负责人职责履行，其他负责人"一岗双责"履职情况。）

4. 健全"三大体系"

（1）健全安全监管监察体系。安全监管监察部门设置、人员配备、学历、专业、能力满足要求，严格审批安全技术措施，经常深入现场，监督措施落实；实施安全生产分级管理、分类监督检查制度措施，强化重点煤矿监督检查；建立安全考核制度、安全结构工资制度并落实，考核结果及时兑现。（2）健全业务保安体系。业务部门设置符合要求，业务保安责任明确，业务人员了解掌握其安全责任，严格履行安全生产责任。业务保安人员经常深入井（坑）下作业现场排查隐患，指导解决业务分管范围内的各类问题。（3）健全区队安全管理体系。配齐区队管理人员，明确职责分工，配备分管安全的区队长；区队认真贯彻落实煤矿关于安全生产方面的文件、制度、会议要求，严格执行区队领队值班跟班制度，定期组织开展区队级安全教育培训，提升员工安全意识和技能水平。（重点：部门设置；业务保安体系建立；深入现场检查（排查）隐患、解决问题；安全考核制度，安全结构工资，对业务部门、基层单位考核并兑现。）

5. 健全完善"双重预防机制"

（1）建立安全风险分级管控工作制度，明确安全风险辨识范围、评估方法和安全风险的辨识、评估、管控、公告、报告工作流程，明确机构、人员责任；开展重大安全风险年度和专项辨识评估，制定重大安全风险管控方案，××公司业务部门定期对专业范围内重大安全风险管控方案和措施进行指导和审核，对落实情况进行监督检查。（2）建立健全事故隐患排查治理制度，督导所属煤矿定期对存在重大风险的场所、环节、岗位开展隐患排查，分析隐患成因，制定消除措施；××公司主要负责人每月带队组织安全检查，矿长每月组织重大事故隐患排查整治，各分管领导、职能部门开展分管范围内的重大隐患排查整治。建立健全重大事故隐患督办、验收、销号机制，建立管理台账，督办重大事故隐患整改进展情况，及时进行验收、销号；定期组织召开会议，对重大隐患治理情况进行研究部署，落实资金投入，确保重大隐患按期落实整改。（重点：风险分级管控机制，年度、专项辨识，落实管控措施，按规定上报；隐患排查治理机制，隐患治理符合规定，主要负责人每月组织重大隐患排查、安全检查，重大隐患上报、治理符合要求。）

6. 夯实安全生产基础

（1）安全生产标准化。建立煤矿安全生产标准化管理体系检查考核制度，制定安全生产标准化达标规划，××公司每季度、煤矿每月至少组织开展1次全面的安全生产标准化检查。（2）安全投入。建立健全安全投入保障制度，保证安全生产所必需的资金投入，确保安全投入的足额提取和规范使用。（3）高风险作业。开展违规动火等危险作业专项整治，严格高风险作业管理，建立高风险作业管理办法，严格高风险作业计划管理，作业前办理许可审批，各级盯防人员到岗管理。（4）安全文化。培育特色安全文化，将安全文化建设列入安全管理工作重要议程，全方位开展安全文化示范企业（矿井）建设。（5）调度和应急管理。按规定设置调度管理机构，配齐调度人员；建立应急救援相关机构，制定事故应急救援制度，编制生产安全事故应急救援预案，按计划开展应急演练。（重点：安全生产标准化检查考核；安全投入使用情况；危险作业专项整治，高风险作业管控符合要求；调度记录，应急预案，应急演练。）

7. 提升从业人员素质

（1）严格人员配备与准入。从业人员学历、专业、年龄结构满足煤矿现场实际工作需要。配齐矿长，总工程师，分管安全、生产、机电的副矿长，以及各专业技术人员，水文地质类型复杂、极复杂矿井配备防治水副总工程师，地质类型复杂、极复杂的煤矿配备地质副总工程师。（2）强化安全培训。开展全员安全大培训，严格考核奖惩；建立安全培训管理制度，研究制定职工素质提升中长期规划（3~5年）和年度培训计划，按规定提取和使用教育培训费用，建立安全生产教育和培训档案，管理规范。（3）强化班组建设。出台班组建设管理办法，提升班组能力，创建星级班组，提高班组长专业技能和综合素质。（4）强化岗位标准作业流程。制定岗位标准作业流程管理办法，监督指导所属煤矿制定各岗位标准化作业流程，实现流程应用岗位全覆盖，加强考核。（5）强化不安全行为管控。建立健全不安全行为管理制度，实行分级分类管控，对不安全行为人员进行矫正培训；推行员工安全行为积分管理，开展不安全行为专项整治。（重点：从业人员整体结构，人员配备齐全，人员能力、机构设置满足要求；培训造假问题；不安全行为管控制度，分级分类，矫正培训、上岗回访、安全行为积分管理，专项整治。岗位标准化作业流程定期修订更新，覆盖所有岗位，定期考核。）

8. 严格事故事件调查处理

建立事故报告与责任追究制度，进行事故统计分析、建立报表，及时、如实报告和处理生产安全事故；对较大及以上非人身事故、涉险事件、未遂事件严肃问责；开展事故回头看工作，进行警示教育再学习；常态化、系统化、制度化开展事故警示教育，吸取事故教训，制定防范措施。（重点：事故事件调查规定制度，建立台账，如实上报事故事件，对地方、集团事故通报要求落实，汲取事故教训，事故回头看，一案五问一改变，开展事故警示教育。）

9. 严格承包商安全管理

建立健全承包商管理组织机构，明确职责分工，制定承包商管理办法；严格做到依法合规生产，提升安全生产标准化管理水平。组织开展外包工程专项整治，全面排查安全隐患。严格承包商准入、承包商过程控制，实施"无差别、一体化"管理，严格执行承包商诚信履约制度、从业人员诚信履职制度和承包商"黑名单"制度，开展承包商诚信履约评价。（重点：依法合规生产，"无差别、一体化"管理，专项整治，严格考核评价。）

10. 认真贯彻落实国家、××集团文件要求和会议精神

（1）重大事故隐患专项排查整治 2023 行动。制定专项行动方案，细化明确安全生产重大事故隐患判定标准，召开专题会议动员部署，认真开展自查自改，总结提高，不断完善安全生产制度措施，健全完善长效工作机制。（2）煤矿安全生产综合整治。制定安全生产综合整治方案，明确任务、具体措施、责任分工，认真开展自查自改、重点检查、总结评估。（3）中央企业安全管理强化年活动。贯彻落实"五个表率""六个切实强化"工作要求，对国务院国资委、××集团有关文件进行宣贯学习，制定实施方案，开展中央企

业安全管理强化年活动，将方案贯彻落实情况纳入安全绩效考核。（4）百日攻坚十项措施。各××公司认真安排部署，严格落实十项措施要求。（5）落实法律法规及国家部委有关会议文件精神。对国家安全生产法律法规、国家标准、行业标准等开展宣贯、培训；认真贯彻落实全国安全生产电视电话会议精神、全国矿山安全生产工作视频会议精神和国家有关部门关于矿山安全生产方面的文件要求。（6）1号文件。严格落实××集团安全1号文件，制定任务分解表，明确责任部门、责任人和完成时限，结合实际制定公司及煤矿1号文件，分解落实。（7）安全生产九十条举措。对照××集团90条措施，结合本单位实际制定具有可操作性的推进落实方案，建立方案落实监督检查和考核机制，严格检查考核工作。（8）××集团有关会议文件精神。认真贯彻落实××集团领导讲话精神，以及关于煤矿安全生产的各项文件要求，上级有关安全生产的重要文件经本单位主要负责人亲自批阅，并作出部署安排。（重点：重大隐患专项排查整治，安全生产综合整治，中央企业安全管理强化年活动，百日攻坚十项措施，1号文件落实，九十条举措落实情况，安全生产重要文件批阅情况。）

（二）专业技术

主要依据：《煤矿安全规程》《煤矿重大事故隐患判定标准》等部门规章，《煤矿安全生产标准化管理体系基本要求及评分方法（试行）》、《防治煤与瓦斯突出细则》、《煤矿防治水细则》、《防治煤矿冲击地压细则》、《煤矿防灭火细则》、《国家矿山安全监察局关于做好煤矿井下单班作业人数限员规定（试行）》、《国家矿山安全监察局关于做好煤矿灾害情况发生重大变化及时报告和出现事故征兆等紧急情况及时撤人工作的通知》（矿安〔2023〕26号）、《国家矿山安全监察局关于印发防范遏制煤矿水害事故若干措施的通知》（矿安〔2023〕22号）、《国家矿山安全监察局关于进一步加强煤矿瓦斯防治工作的紧急通知》（矿安〔2023〕21号）、《国家矿山安全监察局关于印发〈强化煤矿炮采（高档普采）工作面顶板管理规定〉》等3项煤矿顶板管理规定的通知》（矿安〔2022〕135号）、《国家矿山安全监察局关于加强煤矿隐蔽致灾因素普查治理工作的通知》（矿安〔2022〕132号）、《国家矿山安全监察局关于预防暴雨洪水等自然灾害引发矿山事故灾难的通知》（矿安〔2022〕65号）、《国家矿山安全监察局关于加强煤与瓦斯突出防治工作的通知》（矿安〔2022〕68号）等国家相关规范性文件要求。包括但不限于以下内容。

1. 井工煤矿专业技术

（1）生产系统。矿井生产布局科学合理、采掘抽接续正常，满足灾害治理时间、空间、效果需要；煤矿通风、提升运输、供电等主要生产系统设计合理可靠，能够满足安全生产和应急逃生要求，制定系统优化方案，简化生产系统，提升系统稳定性、可靠性。（重点：生产布局是否合理、采掘接续是否紧张、生产系统是否可靠。）

（2）水害防治。建立防治水制度，配备防治水机构、人员，防治水基础管理符合要求。井下水害隐患治理符合规定，地面防治水措施落实到位，排水设备设施配备符合要求，水害应急处置措施落实。按要求落实"雨季三防"各项工作和地质灾害治理工作。（重点：机构、人员、设备、制度、探放水设计，现场落实。）

（3）防灭火。健全和完善防灭火管理制度、岗位责任制和操作规程，制定火灾应急预案。综采综放工作面制定专门的防治煤炭自燃发火的措施并认真落实。地面消防水池和井下消防管路完善，保证正常使用，消防水池按规定进行检查。灌浆、注氮、喷洒阻化剂等防灭火系统完善、运行可靠。自燃发火观测、束管及光纤传感监测等自燃发火监测系统运行稳定。自燃发火预测预报准确。采区及采煤工作面回采结束后及时进行永久性封闭，密闭施工和管理符合要求。防尘制度和措施落实有效。（重点：防灭火专项设计、自然发火观测（监测）、预测预报，检查记录，措施落实。）

（4）通风瓦斯。通风安全管理制度齐全、落实有效，通风系统可靠，通风设施完善。安全仪器仪表使用配备满足需要，按规定检查瓦斯，落实治理措施。局部通风管理符合规定。瓦斯抽采系统完备、抽采工艺合理、现场管理严格；突出危险性鉴定符合要求；爆破物品及现场管理符合要求。（重点：制度、通风能力核定、三对口、通风报表、系统科学合理、瓦斯抽采、防突措施。）

（5）顶板。采掘工作面支护体系可靠，巷道布置及支护形式合理；巷道施工及维护措施落实严格；采掘工作面过地质构造带、应力集中区和受采动影响的巷道加强支护；矿压观测仪器设置符合要求；井下巷道检查维护及时；采煤工作面顶板垮落及时，严禁空顶作业。（重点：研究治理方案，技术攻关，经费保障，措施落实。）

（6）机电运输。建立健全机电运输管理机构、配备人员。矿井主要提升机、主通风机、主排水设施和主要空气压缩机等大型设备按规定装备、检修和检测检验，安全保护装置、安全防护设施齐全、完整、灵敏、可靠，设备运行状况和运行环境符合要求。使用阻燃胶带，有检验合格证，定期进行试验。矿井电源、变配电设施、供电线路和电缆符合要求，供、配、用电设备之间匹配符合要求；按规定开展矿井供电系统继电保护整定工作；安全保护齐全、可靠；矿用电缆有安全标志，符合阻燃要求；按规定使用防爆电气设备；井下变配电硐室设置和管理符合规定；井下局部通风机供电电源符合要求。井下轨道、电机车、胶带运输系统、运人系统符合《煤矿安全规程》的要求；井下杜绝禁止使用设备或高耗能设备等。制定智能化建设、"一优三减"实施方案，对生产装备设备进行升级改造，能够满足现代化矿井安全高效要求。（重点：机构、人员、制度、各类保护，定期校验，阻燃胶带、智能化、"一优三减"、装备升级改造。）

2. 露天煤矿专业技术

（1）生产布局。开展采剥接续专项整治，露天煤矿采剥接续正常，采场布局合理，符合生产规模和设计要求。运输系统布局合理，与采剥、排土系统相匹配。内外排土场布局符合设计，排土系统与采剥、运输系统匹配合理。开采范围的小窑采空区、自燃发火区治理措施齐全、治理到位。（重点：专项整治；采剥接续、运输系统、排土场布局合理；采空区超前治理到位。）

（2）钻孔爆破。建立完善的钻爆作业管理和检查制度，爆炸物品购买、运输、贮存、使用和销毁符合有关规定。编制和落实钻孔、爆破设计及安全技术措施。按压气绘制爆破警戒范围图，爆破前实地标出警戒点位置，设置明显标志。（重点：钻爆制度、设计、安全技术措施、爆破警戒）。

（3）运输。建立完善的运输管理和检查制度，道路等级、宽度、坡度和车挡，以及运输设备规格、型号符合设计；防碰撞系统等车辆安全防护装置齐全有效，高杆旗、警灯等车辆安全装置、道路警示标志等设置齐全。（重点：道路宽度、坡度、挡墙；车辆安全装置、道路警示标志。）

（4）边坡。按规定进行边坡稳定性验算、边坡稳定性分析与评价，边坡角度符合设计，采场最终边坡、排土场边坡管理符合规定，边坡监测可靠、运行正常，不稳定边坡的治理措施齐全、现场严格执行。（重点：边坡角度、边坡监测系统、稳定性分析评价，措施落实。）

（5）机电。露天煤矿装备合理、可靠，各类机电设备技术管理、设备完好，安全装置有效、不带病作业；供电技术管理，开关柜、变电站、配电室、变压器等符合要求。（重点：设备状况、安全装置、停送电。）

（6）防治水。排水系统可靠，排水设备设施配备齐全、完好；坑下水害隐患治理符合规定，地面防治水措施落实到位，水害应急处置措施落实。按要求落实"雨季三防"各项工作、地质灾害治理工作。做好隐蔽致灾因素普查、重大灾害治理相关工作。（重点：排水系统、防治水措施及落实情况。）

（7）防灭火。露天煤矿地面和采场内有防灭火措施，主要设备灭火器材配备齐全、有效；开采有自燃发火倾向的煤层或开采范围有火区，制定防灭火措施。（重点：措施执行情况。）

三、人员组成及分工

为保障安全审计工作效果，由××集团牵头组织，××安全审计咨询公司具体实施，成立安全审计领导组和工作组，确保工作质量和取得预期效果。

（一）领导组

负责总体协调，确定工作方案，定期听取工作进展汇报，确保项目达到预期效果。

组长：××集团有关领导

副组长：××安全审计咨询公司有关负责人。

成员：××集团有关工作人员、××安全审计咨询公司有关工作人员、××公司有关负责人及所属2处煤矿有关负责人

（二）工作组

工作组负责研究制定工作方案，开展现场安全审计，提交安全审计问题清单和审计报告。

1. 安全审计人员

安全审计负责查找安全管理原因，优先选用从事过矿山安全监管监察、大型煤炭企业安全管理的专家。按照公司、煤矿、区队三级，通过访谈人员、查阅资料、检查现场、民主测评、参加会议等方式，查找××公司、煤矿在安全理念、安全责任落实、管理制度、组织机构、人员素质、事故事件调查、安全考核、安全生产标准化、承包商管理、文件落实等安全管理方面存在的问题，剖析产生问题的深层次原因。具体人员组成见表6-8。

2. 技术审计人员

技术审计负责审计重大问题隐患及治理环节存在的问题。聘请行业知名专家、集团内部专家，以重大灾害治理、系统优化、装备升级改造为重点，通过访谈人员、查阅资料、检查现场等方式，对××公司、2处煤矿逐个开展专业技术审计，查找治理方案、措施、现场管理方面等存在的问题，提出系统优化、装备升级建议，以及问题隐患整改方案，具体人员组成见表6-8。

表6-8 安全审计工作组成员及分工表

组别	序号	姓名	专业	单位	职务	任务分工	备注
安全管理	1	李雷	安全管理	××安全审计咨询公司	教高	组长	
	2	李明	安全管理	××安全审计咨询公司	教高	副组长	
	3	张三	安全管理	××安全审计咨询公司	博士	联络员	×××××× ××××
	4	李四	安全管理	××煤炭央企总部	教高	访谈工作	
	5	王五	安全管理	××煤炭央企二级公司	高工	安全发展理念	
	⋮	…					
露天煤矿专业技术	1	赵六	井工技术	××煤炭央企煤矿副总	研究员	采装、运输	
	…	…					
井工煤矿专业技术	1	钱七	露天技术	××煤炭央企煤矿副总	高工	采煤	
	…	…					

四、工作进度及时间安排

拟自 2023 年 5 月启动至 8 月上旬结束，分为前期准备、组织实施、编制报告和审查验收四个阶段。各阶段工作进度、主要工作、拟定行程安排如下：

1. 前期准备阶段（5月4—31日）

开展安全审计前调研、起草安全审计标准、编制安全审计工作方案；组织安全审计工作组成员集中培训，掌握审计流程、审计方法，统一现场审计标准尺度。

2. 组织实施阶段（6月7—30日）

组织审计工作组对××公司及所属2处煤矿开展安全审计，按照先审计煤矿再审计公司的流程。××公司、每处煤矿审计时间均为5天，共历时17余天（含路程时间）。对审计发现问题，进行原因分析、提出整改意见建议，当场反馈审计发现问题。

3. 编制审计报告阶段（7月1—31日）

根据煤矿及××公司安全审计情况，总结问题及建议，形成安全审计报告初稿。征求××公司及所属煤矿对安全审计报告初稿意见，修改完善，形成安全审计报告送审稿。

4. 审计报告复核、审定、批准阶段（8月1—10日）

××集团组织有关人员对安全审计报告送审稿进行复核，××安全审计咨询公司审计工作组对复核意见修改完善，形成安全审计报告终稿，经××集团有关部门最终审定、批准，送达××公司及需要送达单位。

五、技术要求

（1）安全管理专家应具有大型煤矿企业安全管理或矿山安全监管监察工作经验，专业技术专家应具备扎实的专业知识和丰富的现场经验，具备煤矿隐患排查、安全审计相关工作经验，具有丰富的实践技能和专业理论知识，年龄不超过65周岁，身体健康。

（2）专业技术专家覆盖井工煤矿通风、地测、采煤、掘进、机电、运输等专业，露天煤矿钻孔、爆破、采装、运输、排土、机电、边坡、疏干排水等专业。

（3）根据××公司及所属2处煤矿现状，对照安全审计标准，全面排查安全隐患，发现生产及管理中深层次的问题和漏洞，分析问题产生的原因，提出整改措施和建议。

（4）提交安全审计报告及审计问题清单，保证报告内容真实、结论客观公正。

六、拟达到效果

通过对××公司开展安全审计，紧盯煤矿主要生产系统，以及重大灾害治理与重大风险管控，彻底查清××公司及所属 2 处煤矿存在的制约煤矿安全生产的根源性、深层次、系统性问题，剖析产生原因，提出系统优化、装备升级和问题隐患针对性解决对策，着力推动××公司及所属 2 处煤矿安全管理能力与水平提升。

（一）安全生产主体责任进一步夯实

××公司及所属煤矿主要负责人及安全生产管理人员安全发展理念更加牢固，"零死亡"的目标更加明确，安全红线意识进一步增强，依法办企管矿形成习惯，形成内部监督机制；有关负责人安全风险意识和责任意识得到提升，更加具有担当精神，能够严格履行岗位安全生产责任制，自觉把落实主体责任贯穿到工作的各环节、全过程。

（二）安全生产综合整治进一步深化

通过审计发现现场问题隐患，督促××公司开展重点检查，督促煤矿认真开展自查自改，持续深入排查和梳理影响煤矿安全生产的突出问题、共性问题、深层次问题和根源性问题，形成问题隐患、风险管控"两个清单"；彻底摸清当前威胁煤矿安全生产的重大事故隐患，逐步解决企业深层次问题，安全生产保障能力进一步提高。

（三）安全基础保障水平进一步提升

通过安全审计，煤矿在管理、系统、素质、装备方面水平显著提升。采、掘、机、运、通等主要生产系统存在的问题得到解决，"一优三减"进一步推进，系统更加可靠；管技人员的管理水平和业务能力进一步提高；设备设施安全状况、现场作业环境得到进一步改善，双重预防机制更加健全完善；查找煤矿在重大灾害治理方面存在的短板和不足，各项治理措施得到有效落实，效果逐渐显现，应急救援能力显著提升。

（四）企业安全管理水平进一步提升

通过安全审计，摸清××公司安全管理现状，全面排查各层级安全管理存在的问题和隐患，剖析问题产生的根源，针对深层次问题提出整改措施和建议，全面提升安全管理水平，××公司及所属煤矿安全生产责任制和安全管理制度更加健全完善，组织结构、人员配备更加健全、科学，××公司对所属煤矿安全管理更加科学有效。

（五）××集团安全生产决策部署得到扎实落实

通过安全审计，审查××公司及所属煤矿对××集团安全生产重要决策部署、重要文件落实情况，督促××公司及所属煤矿认真落实××集团各项要求，各级管理人员对煤矿安全生产工作重要性的认识进一步提升，增强做好安全生产工作的责任感，全面认识到安全管理工作与××集团要求存在的差距，××集团关于安全生产重要决策部署得到扎实落实，促进安全管理水平提升。

七、工作要求

（一）认真做好准备

××公司及煤矿应按照重点内容提前准备好 2022 年、2023 年相关资料，认真准备汇报材料，应总结过去一年的安全生产工作，介绍基本情况、典型经验做法，并突出反映工作中存在的问题和不足、探索和思考。××公司要高度重视安全审计工作，积极配合，安排专人陪检，及时向审计工作组提供所需资料。

（二）严肃工作流程

安全审计工作主要采取听取工作汇报、全覆盖查阅资料、现场〔井（坑）上、下〕检查、访谈、考试提问、民主测评等方式进行，审计存在突出的问题和隐患，列出问题隐患清单，反馈给××集团。要通过对所属煤矿的安全审计，追溯××公司层面安全管理存在的问题，为开展××公司层面的安全审计工作提供重要依据。

（三）狠抓问题整改

每家单位现场安全审计结束后，都会当场反馈发现的突出问题和隐患。各单位要制定整改方案，并向××集团提交整改报告。××集团有关部门对重大问题实施跟踪督办，不定期组织回头看，对整改不力的××公司或煤矿予以通报。

第二节　审计报告示例

××安全审计咨询公司审计工作组对××公司及其所属露天煤矿、井工煤矿进行安全审计后，出具审计报告结构如下：

编号：001

收件人：××集团

××公司安全审计报告

××安全审计咨询公司

2023 年 8 月 10 日

关于××公司及其所属 2 处煤矿的安全审计报告

××集团：

受贵单位委托，我们组成安全审计工作组。于 2023 年 8 月 15 日至 9 月 5 日，对××公司及其所属 2 处煤矿开展了现场安全审计，现将审计情况报告如下：

一、企业基本情况（略）

二、主要问题

（一）安全发展理念

1. 在学习贯彻习近平总书记关于安全生产重要论述方面

公司年度安全培训计划，未将习近平总书记关于安全生产重要论述纳入培训教育计划。党委宣传工作方案，未制定《宣传贯彻习近平总书记关于安全生产重要论述实施方案》和开展经常性、系统性宣传贯彻和主题宣讲活动。针对习近平总书记关于安全生产重要论述，访谈领导班子成员 4 人、部门负责人 9 人，其中班子成员 2 人、部门负责人 5 人，回答不全面。井工煤矿党委中心组学习未传达学习习近平总书记关于安阳（2022 年 11 月 21 日）"11·21"火灾事故指示精神。露天煤矿党委中心组未组织学习《刑法修正案（十一）》。

2. 在坚持党对安全生产工作的领导方面

××公司纪检未按集团要求建立安全监察与纪检监察巡视巡察协同监督的工作机制，未与安监部门联合开展安全生产专项督查检查。党委巡视、巡查方案，未将安全生产责任制落实情况纳入党委巡查方案中。井工煤矿党委会议事机制，未明确听取安全工作的汇报和研究解决安全生产的会议周期。露天煤矿党委未建立党委巡视、巡查方案。

3. 在树牢法治思维方面

××公司安全生产法律、法规标准规范数据库不规范，未将国家法律、政府规章、地方政府法规、集团规定、标准分类建立。2 处煤矿 2023 年 3 月事故警示月工作任务落实不彻底，未按查漏补缺活动方案要求，未组织对思想认识、体制机制、规章制度执行、"三违"管控等方面的危险因素、管理漏洞和安全隐患进行分析。

（二）安全生产责任制和管理制度

1. 在安全生产责任制方面

××公司未依据新修改的《安全生产法》重新修订完善公司全员安全生产责任制。××公司本部未逐级签订安全生产责任书。未组织开展公司本部全员安全生产责任制培训。未制定安全生产责任制考核制度和考核标准。未按层级考核的要求，对公司副职、部门正职、基层正职进行考核。访谈9名部门负责人对本岗位安全生产责任制掌握情况，8人回答不全面。露天煤矿《安全生产责任制考核办法》缺少外委队伍责任制考核条款，缺少责任范围内发生安全生产事故，出现重大安全隐患，不履职考核条款。井工煤矿2023年5月份掘进队、机电队均未建立安全生产责任制考核台账，考核扣分无依据。

2. 在安全生产管理制度方面

××公司未健立企业安全奖惩制度，缺少复工、复产重大安全事故隐患现场验收制度和生产安全设备采购制度。未对安全生产管理制度开展“回头看”和“立改废”工作，未对制度进行合规性审查。井工煤矿未建立领导班子成员安全履职公开述职制度，未组织安全生产规章制度合规性审查。露天煤矿矿用设备、器材使用管理制度，缺少入库验收、出库检查，入井检验等安全管理条款。

（三）落实领导班子职责

1. 在落实第一责任人责任方面

××公司《关于领导班子成员工作分工的通知》（××党发〔2023〕4号）未明确公司负责应急管理、消防安全工作的分管责任领导。2023年一季度安委会会议纪要缺少“生产技术部、机电动力部、通风和地测防治水部等业务保安部门向安委会汇报安全生产工作情况”的内容。井工煤矿一季度安委会确定的“5月份开展1次火灾事故专项应急演练、启封井下注氮硐室”等事项，经检查未按照时间节点要求完成“闭环”管理工作流程。2023年3月、5月未召开安全办公会。

2. 在落实“三个必须”方面

××公司业务管理部门未配备露天煤矿相关专业技术人员。井工煤矿2023年1—5月，分管基建副矿长未完成每月入井不少于10次的任务指标。露天煤矿总工程师3月份、机电副矿长4月份每月两次的隐患排查管理台账，排查方案缺少安全生产综合整治、重大隐患专项排查整治行动等要求的重点内容。

（四）安全监管监察体系

1. 在安全监管监察机制方面

××公司未建立安全监管人员交流任职机制，安监部人员配置专业不全，缺少地测防治水、露天开采专业，编制 15 人、实配 7 人，少 8 人。井工煤矿安监科大部分安检员为初中学历，安全监管知识不足，抽查 1 台防爆手机，台账上无记录，无涉及防爆手机的安全管理要求。露天煤矿未制定安全监管方案、计划，2023 年 1—5 月，安检员查出不安全行为数为零，与现场实际不符，安全监管履职能力不足。

2. 在扎实开展重点单位帮扶督导方面（略）

3. 在现场安全监管方面

××公司未对各单位高风险作业统筹管理和建立总清单，未明确作业关键时间点。生产技术部、机电动力部未按高风险作业制度规定，严格制定到岗次数。

4. 在安全考核机制方面

××公司《安全结构工资考核办法》未明确对较大安全涉险事件、大型设备故障等情形的考核。井工煤矿未将日常工作、安全目标等纳入安全考核。露天煤矿未对机关科室人员进行安全考核。井工煤矿 2023 年 2 月生产准备队出现轻伤事故，本月未将事故情况纳入安全考核。承包商 3 月安全考核记录无考核人员和分管领导签字。

（五）业务保安体系

1. 在明确业务保安责任方面

××公司机电动力部安全职责缺少供电规划设计，整定计算，供电系统改造，大型设备技术更新改造，安装投运验收，主要设施、设备规程措施的审核审批等内容；生产技术部职责缺少矿井通风系统优化调整，矿井反风演习设计审核、审批等内容。井工煤矿职能科室职责划分内容不全面，供电设计、供电能力核定计算、设备防爆检查、规程措施编制无主责部门。露天煤矿在风险管控、隐患排查、重大灾害治理等方面未把 2 个灾害治理外委施工队伍纳入监管范围。

2. 在履行业务保安责任方面

××公司处级、副处级干部 3 月份深入井下现场情况，机电动力部 2 名副处长分别缺 5 个、3 个，生产技术部副处长缺 4 个，未按制度规定每月完成 6 个入井（坑）任务，无下井检查覆盖路线及解决问题记录。机电动力部部长、副部长、生产技术部一名副处长，回答不出本部门安全职责，本人安全生产责任制回答内容不足三分之一。井工煤矿辅运大巷掘进工作面爆破作业安全措施缺"一炮四检"内容，未组织会审，3月2日爆破工作中炸断监测监控线路，中断传输长达24分38秒。

（六）双重预防机制建设

1. 在安全风险分级管控方面

××公司《安全风险分级管控管理办法》中未明确安全风险分级管控第一责任人，缺少第一责任人具体职责内容。缺少分管负责人每月召开重大安全风险管控专题会议。缺少业务部门每季度组织开展业务范围内的重大风险再辨识评估工作和对重大安全风险管控方案与措施进行指导审核的内容。

2. 在事故隐患排查治理方面（略）

（七）安全生产基础建设

1. 在安全生产标准化管理体系建设方面（略）

2. 在安全投入保障方面（略）

3. 在高风险作业管理方面（略）

4. 在安全文化建设方面（略）

5. 在调度和应急管理方面（略）

（八）从业人员素质

1. 在人员准入方面（略）

2. 在安全培训方面（略）

3. 在班组建设方面（略）

4. 在岗位标准作业流程方面（略）

5. 在不安全行为管理方面（略）

（九）事故调查处理

1. 在事故报告方面（略）

2. 在事故调查处理方面（略）

3. 在事故"回头看"方面（略）

（十）承包商安全管理

1. 在承包商管理责任制度方面（略）

2. 在承包商过程控制方面（略）

3. 在承包商考核评价方面（略）

（十一）国家、××集团文件要求和会议精神贯彻落实

1. 在扎实开展煤矿安全生产综合整治方面（略）

2. 在重大事故隐患专项排查整治方面（略）

3. 在推进专项整治常态化方面（略）

4. 在百日攻坚十项措施方面（略）

5. 在法律法规及国家部委有关会议文件精神落实方面（略）

6. 在1号文件和安全生产九十条举措落实方面（略）

（十二）井工煤矿采掘、生产布局和生产接续

1. 在采煤方面（略）

2. 在掘进方面（略）

3. 在生产布局和生产接续方面（略）

（十三）井工煤矿机电、提升运输

1. 在机电方面（略）

2. 在提升运输方面（略）

（十四）井工煤矿一通三防、安全监控与通信

1. 在一通三防方面（略）

2. 在安全监控与通信方面（略）

（十五）井工煤矿地测防治水、基本建设

1. 在地测防治水方面（略）

2. 在基本建设方面（略）

（十六）露天煤矿钻孔爆破、采装运输

1. 在钻孔爆破方面（略）

2. 在采装运输方面（略）

（十七）露天煤矿边坡排土、疏干排水

1. 在边坡排土方面（略）

2. 在疏干排水方面（略）

（十八）露天煤矿机电、消防、防灭火

1. 在露天机电方面（略）

2. 在消防、防灭火方面（略）

三、原因剖析

（一）主观原因

1. 安全理念树立仍需巩固

2023 年××公司向露天矿下达了 500 万吨产量计划，超煤矿核定生产能力，属人为造成煤矿重大隐患，统筹安全发展不够有力。对列入××集团重点管控的煤矿未按要求开展"开小灶"、加大监察频次等方式重点帮扶。

2. 安全责任意识仍需提高

一些安全监管人员责任意识不强，"当一天和尚撞一天钟""此处不留人，自有留人处"思想显现，因××公司接续资源枯竭，一些人虽人在单位，心思却在外面，时刻准备有机会就跳槽。一些人明知道煤矿存在的问题，却缺乏动力，部门之间相互推诿，迟迟不肯推动解决。一些公司和煤矿管理人员认为煤矿事故不可避免，从思想行为上对"零死亡"目标不自信。××公司级隐患排查多以检查煤矿为导向，对公司级制度是否健全、自身责任是否落实排查不够。

3. 安全规范意识仍需加强

安全费用使用从××公司层面下达计划就存在问题，将一些劳动福利、劳保用品等纳入安全费用使用范围。一些需××公司审批的安全技术措施，未履行审批程序、提不出审批意见仍大量存在，对规范煤矿按标准作业不够有力。一些煤矿规程、措施，一个模板用多年，与现场实际不符，甚至引用标准都有错误，部分作业人员以结果为导向，认为只要把活干了，不出事故就行，过程管控缺失，以经验替代标准、规范。

4. 业务能力仍有不足

××公司及所属煤矿安全管理人员对标准理解不够深入，部分内容停留在"纸上谈兵"阶段。审计过程中，配合专家时一查就会，一说就懂，自己一上手，却不知所以。安全和技术管理实操能力仍需提高。

（二）客观原因（略）

四、审计建议

一是进一步树牢安全理念。强化法制意识，结合××公司和煤矿实际，修订完善会议制度和工作制度，规范安委会、党委会、安全生产办公会，切实研究解决安全生产重大问题。二是进一步强化责任落实。切实结合实际，修订完善全员安全生产责任制，各级领导班子以身作则，强化落实、严格考核。强化职能科室、区队一把手履职能力评估，对慵懒、带病、业务能力不能胜任者适当调整岗位。强化业务保安责任落实，加强安全技术措施审批管理考核，避免该审批的不审批、杜绝错误审批。三是进一步提升人员素质。强化现有安全管理和作业人员基础和技能培训，严格承包商来矿作业人员准入。创造条件，吸引高水平专家到公司、到矿辅导，解决安全疑难问题。探索优化培训方式，强化安全检查实操培训，提升安全管理和作业人员自我隐患排查能力。四是进一步推进系统优化。积极推进老旧煤矿系统改造，优化生产布局、优化辅助运输方式、优化劳动组织，积极推广小型机械替代人工作业，最大限度减少煤矿在籍巷道使用、最大限度降低运输环节、最大限度降低工人劳动强度。

附件：安全审计发现问题汇总表（略）

审计工作组

××年××月××日

第三节　审计评价和结果应用示例

一、审计评价示例

本次安全审计，××公司共审计发现问题 465 条，其中重大隐患 12 条。公司总得分 66.32 分，其中：安全管理 67.37 分，井工煤矿专业技术 65.28 分，露天煤矿专业技术 65.26 分，评价结果等级为"较差"。

在安全管理方面，××公司的业务保安、安全基础建设、从业人员素质等方面比较薄弱，见图 6-1，存在的主要问题：一是公司处级、副处级干部深入煤矿现场不到位，达不到规定次数；机电动力部、生产技术部等多个部门职责不全面，业务保安职责不明确。二是公司未制定《安全生产费用提取和使用管理制度》，下发的安全费用使用明细中，井工煤矿缓坡斜井技改工程巷道打钻注浆施工工程费，不符合要求。三是××公司注册安全工程师与安全管理人员比例不符合集团规定，未明确安全培训管理机构、人员配置、职责分工及机构职责、专兼职人员岗位职责。公司安全培训费用占比小于教育培训经费的40%。

在井工煤矿专业技术管理方面，××公司对一通三防、采煤、运输等方面管理比较薄弱，见图 6-2，存在的主要问题：一是公司针对井工煤矿更换主要通风机，将井下风量从 6500 m^3/min 提高到 9600 m^3/min，只进行了方案审批，

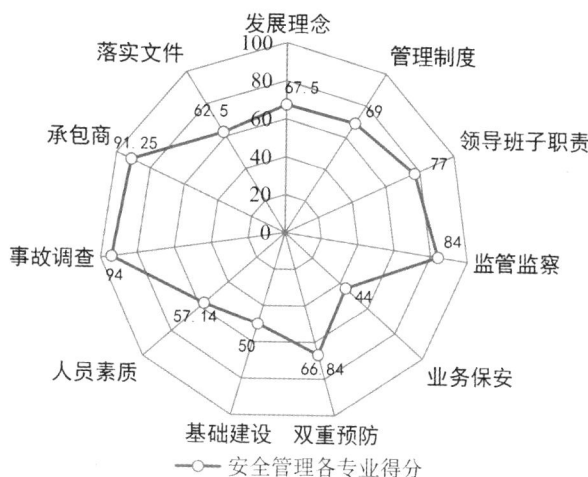

图 6-1　××公司安全管理各专业得分

未要求编制设计和安全技术措施并经公司技术负责人批准。现场在 05 采煤工作面做瓦斯断电试验时，不能切断回风巷 2 部不间断电器设备电源。二是××公司未按照《煤矿防治水细则》有关规定严格审查井工煤矿采掘计划，提出意见。井工煤矿 01 工作面圈定后瞬变电磁物探及坑透物探异常区未进行钻探验证、02 工作面未具体叙述进入带压区的位置及防治措施，针对工作面存在的带压问题，未完善防治水综合措施，已经安排采掘计划。三是井工煤矿架空乘人装置实际配套与专项设计不符，设计要求使用钢丝绳 φ26 mm，实际使用φ22 mm。

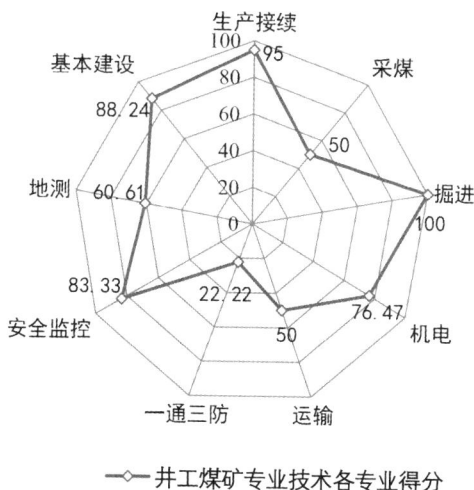

图 6-2　××公司井工煤矿专业技术各专业得分

　　在露天煤矿专业技术管理方面，××公司对边坡、采装运输、钻孔爆破等方面管理比较薄弱，见图6-3，存在的主要问题：一是××公司地测防治水管理部职责缺少露天煤矿边坡管理内容。露天煤矿目前实际正常运行GNSS共32台，不符合边坡监测方案中GNSS设置86台要求。二是××公司未对露天煤矿年度、月度开采方案进行审批，未开展工程质量考核。未制定车辆安装防撞预警系统实施方案。三是××公司未对采空区、自燃发火的高温火区和水淹区等危险地段钻孔爆破作业的安全技术措施进行审批。

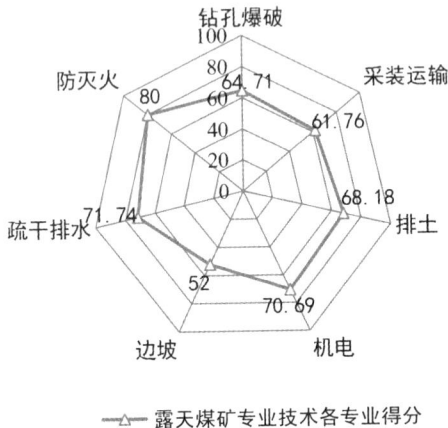

图6-3　××公司露天煤矿专业技术各专业得分

　　××公司安全管理得分67.37分，井工煤矿安全管理得分55.81分，露天煤矿安全管理得分54.72分，××公司安全管理得分高于2家煤矿，表明：一是××公司的安全管理强于所属煤矿，安全管理存在上热下冷现象，上面抓得紧、下面落实不到位。二是2处煤矿安全管理弱化，煤矿在对××公司各项要求落实方面存在差距。

　　××公司井工煤矿专业技术管理得分65.28分，井工煤矿86.27分。××公司露天专业技术管理得分65.26分，露天煤矿专业技术得分67.63分，表明：一是××公司井工煤矿管理水平好于露天煤矿管理水平。二是××公司在专业技术方面管理严重弱化，××公司技术管理过多依靠煤矿自主管理，业务保安履职不到位，对所属煤矿技术管理监督指导不到位，主要表现在业务保安部门该有的制度不建立、该审批的不审批、下现场次数不够。

二、审计结果应用示例

根据审计发现问题和薄弱环节，××集团、××公司在安排下一阶段安全生产工作重点时应予以考虑，重点从安全管理保障、技术保障和组织保障方面切入。

（一）安全管理保障

1. 安全管理模式

审计发现1：××公司尚未建立适合自身特点的安全管理体系，安全生产以"行政式、家长式"布置任务为主，靠"人管人"，而不是"体系管人"。一些领导布置不到或想不到的工作管理松散，推进滞后，缺乏计划性。

成果应用：督促××公司和煤矿，建立自身安全管理体系，强化体系运行过程考核。

2. 安全生产责任制

审计发现2：安全生产责任网尚未织密织牢。××公司及煤矿一些部门和岗位未制定安全生产职责，一些不同岗位共用一个安全生产职责，一些岗位安全生产职责内容不全、与现场实际不符，从源头上导致安全管理盲区。××公司对××集团安全生产要求落实不够，部分文件照搬××集团原文，以文件落实文件，从××公司到煤矿安全责任落实层层衰减，安全管理上热下冷。

成果应用：切实认真梳理全员安全生产责任制，从责任范围、内容、责任清单、考核标准上详细制定。当前，大数据、物联网为安全生产责任制网格化、精准化划分提供有利条件，建议引导、督促××公司和煤矿借助信息化手段网格化划分井下巷道、设备、制度措施等，切实做到责任到人、无死角。

3. 安全管理制度和安全考核

审计发现3：部分工作依据经验管理，尚未建立安全管理制度约束。一些安全管理制度修订滞后，制度规定与实际工作"两张皮"，一些对××公司本级和对下级煤矿的考核内容悬空，安全考核不严不细，该考核的不考核、该奖励的不奖励、该扣分的不扣分，为滋生安全生产渎职失职行为创造条件。

成果应用：督促××公司和煤矿定期开展制度合规性审查。强化安全考核，切实把工伤、安全1号文件落实、安全生产标准化建设、制度措施落实、风险管控、隐患排查治理、不安全行为管理、安全生产责任制落实和其他考核事项全部纳入考核。对该考核不考核、该扣分不扣分的要严厉问责。

4. 风险意识

审计发现 4：系统性安全风险分析研判不足。××公司和煤矿对煤炭保供、属地用地环保及监管政策、地区产业规划和城市发展规划等煤矿外部环境变化引起的安全风险分析不足，对机构人员改革、生产布局和接续、主要生产系统可靠性、重大灾害普查和治理等煤矿内部安全风险分析不够。

成果应用：从××集团、××公司、煤矿各层级，强化系统性安全风险分析，分层级向××公司、煤矿、重点部位、重点时段发布风险预警提示，指导、督促拟定对策措施，超前预防。

审计发现 5：岗位安全风险意识不足。煤矿现场不按岗位标准作业流程执行问题普遍。不安全行为仍大量存在，职工岗位安全风险和自我保护意识不足。

审计发现 6：底线思维、极限思维意识不足。煤矿不按规程技术措施，不按劳动组织和施工组织冒险蛮干，对发生事故心存侥幸。一些高风险作业不监督、不盯守，底线思维不够。应急预案编制脱离实际，应急演练质量不高，一些应急保障措施空话套话居多，针对性不强，对发生灾变救援的极限思维思考不够。

成果应用：督促××公司和煤矿加大不安全行为查处和帮教力度，强化一般事故警示教育，强化应急处置能力、岗位风险和自我保护培训。

（二）技术保障

1. 技术体系

审计发现 7：技术体系运行质量不高。××公司和煤矿对设计、重大方案调整、安全技术措施等审查审批质量不高，一些内容不完善、计算不完整，甚至结果错误的文件也能通过审批。个别技术管理部门因害怕担责，该审批的技术方案、安全措施不审批，缺乏责任担当。

成果应用：督促××公司和煤矿定期开展技术合规性审查。强化对技术审查审批的安全考核权重。

2. 技术能力

审计发现 8：××公司和煤矿技术管理人员出现年龄和技术断档，老技术员退休，新晋工程技术人员业务水平不足、经验缺乏问题突出。煤矿自己编制的隐蔽致灾因素普查报告水平不高、内容不全，自己组织的技术检查查不出问题。

成果应用：督促××公司和煤矿加大工程技术人员培养力度，切实制定工程技术人员长远规划和年度培养计划，储备技术人才。××公司技术管理部门副职以上、煤矿副总工程师以上的技术管理人员任命前，必须经××集团面试。强化对××公司技术管理部门的业务考核。

3. 技术提升和应用

审计发现9：在技术管理层面，××公司对生产的大布局、大接续研究不够；一些煤矿对生产系统的优化不够、对作业环境的改善不够、对工艺简化的力度不够、对个体防护的提升不够、对零星工程小型机械化的推进不够、对高危地点排查巡查的智能化替代不够、对安全监控与风险预警的融合不够等。

成果应用：鼓励××公司和煤矿积极推进安全科技创新和生产系统优化，整合外部平台资源，强化技术协作，充分利用外部优质监管监察资源和技术保障资源，常态化开展专业技术检查和帮扶。

（三）组织保障

1. 人员准入

审计发现10：××集团人才准入通道不够畅通。从"应届+社会"人才队伍"双轮驱动"，到目前以招聘应届大学毕业生为主。原先从政府机关、竞争对手、项目合作单位（如原国家安监总局、国家煤监局（今国家矿山安全监察局）、煤科总院、设计总院、高校和科研机构）经过"实战"检验和集团部门认可的社会人才不能及时引进并形成战斗力。

成果应用：适当调控社会人才引进政策。

2. 干部交流

审计发现11：目前干部交流主要集中在集团内部，与外部监管监察部门、大型高危行业央国企干部交流开展不够。一些国家、地区监管监察政策本意和落实重点理解不够，一些大型央国企高危行业值得借鉴的安全管理经验学习不够。

成果应用：研究内部派员、外部引进干部交流任职和挂职机制。

参考文献

［1］ 中华人民共和国审计署.审计署关于内部审计工作的规定(中华人民共和国审计署令第 11 号)［EB/OL］.(2018-01-12)［2023-12-01］.https://www.gov.cn/gongbao/content/2018/content_5288830.htm.

［2］ 财政部 证监会 审计署 银监会 保监会.关于印发《企业内部控制基本规范》的通知(财会〔2008〕7 号)［EB/OL］.(2008-07-04)［2023-12-01］.https://kjs.mof.gov.cn/zhengcefabu/200807/t20080704_55982.htm.

［3］ 广东省应急管理厅.肇庆:开展"安全审计"［EB/OL］.(2021-07-30)［2023-12-05］.http://yjgl.gd.gov.cn/xw/dsgzdt/content/post_3448359.html.

［4］ 袁小勇,王茂林.内部审计:理论基础 工作流程 案例详解(微课版)［M］.北京:人民邮电出版社,2023.

［5］ 中天恒管理审计编写组.管理审计操作案例分析［M］.北京:中国市场出版社,2015.

［6］ 郑石桥.管理审计方法［M］.2 版.大连:东北财经大学出版社,2018.

［7］ 郭长水,纪新伟.内部审计工作指南:穿透实务核心,进阶数智应用,精益审计管理［M］.北京:人民邮电出版社,2023.

［8］ 李春节,徐荣华,葛绍丰.合规型内部审计:精准发现违规行为,实时化解合规风险［M］.北京:人民邮电出版社,2022.

［9］ 周平,荣欣.增值型内部审计:提升经营效率、强化风险管理、促进价值再造［M］.北京:人民邮电出版社,2022.

［10］ 郑石桥.审计基础理论［M］.北京:中国人民大学出版社,2021.

［11］ 张庆龙.内部审计学［M］.2 版.北京:中国人民大学出版社,2020.

［12］ 《国有企业经济责任审计事务与案例》编写组.国有企业经济责任审计事务与案例［M］.北京:中国经济出版社,2018.

［13］ 《企业内部控制配套指引》编写组.企业内部控制配套指引［M］.上海:立信会计出版社,2010.

[14] 赵严,贺涛,张莹,等.安全管理审计方法在危险化学品企业中的研究与应用[J].化工安全与环境,2023,36(4):69-71.

[15] 穆云.运用安全审计全面提升燕山石化安全管理水平[J].石化技术,2020,27(12):121-122.

[16] 程石.新时代下企业内部审计的创新发展探析[J].中国市场,2020(3):177-178.

[17] 时现.最新发布的《审计署关于内部审计工作的规定》的特点分析:基于修订前后比较的视角[J].中国内部审计,2018(3):4-7.

[18] 刘祥.基于石油行业 HSE 管理审计相关问题探讨[J].西部探矿工程,2018,30(1):187-190.

[19] 陈启忠,朱白尘,李仁昊,等.企业安全生产管理审计探索:南通供电公司内部审计创新实践现场报告[J].中国注册会计师,2016(2):75-81.

[20] 王涛,刘勃,颜丽敏.化工企业过程安全审计研究与应用[J].安全、健康和环境,2014,14(10):8-9.

[21] 毛远秋.从安全审计看维修管理[J].中国民用航空,2009(11):67-68.

[22] 王瑜,刘晓琴.应急管理工作的安全审计探讨[J].安全,2008(12):21-22.

[23] 闫明星.关于开展煤矿安全生产责任审计的探讨[J].科技与企业,2013(12):94.

[24] 冉庆淼.用安全审计排查事故隐患[J].劳动保护,2007(9):21-23.

[25] 王爱华,李宝英,张元强.煤矿安全生产审计评价体系构建初探[J].煤矿安全,2015,46(5):231-233.

[26] 陈平,菅红芹.从安全管理审计事例谈强化企业安全管理[J].石油化工安全环保技术,2023,39(2):11-13.

[27] 张丹,万勇.基于制度审计的企业安全管理模式研究[J].工业安全与环保,2023,49(6):73-77.

[28] 赖振杰.强化安全审计工作分级闭环管理,提升安全防护水平[J].中小企业管理与科技,2019(17):22-23.

[29] 谷影.浅析企业安全费用内部审计存在的问题及应对措施[J].吉林劳动保护,2011(S1):209-211.

[30] 刘淑花,田晓红.风险导向内部审计在煤炭企业安全生产中的应用[J].经济论坛,2011(1):156-158.

[31] 孔凡玲.基于煤炭企业安全生产的内部审计探讨[J].中国矿业,2009,18(11):35-37.

［32］ 郭琼慧.基于煤炭企业安全生产的内部审计制度设计［J］.价值工程，2014,33(14)：153-154.

［33］ 孔凡玲,赵晓萌,杨新辉.基于煤炭企业安全生产的内部审计制度设计［J］.商业会计,2012(3)：83-85.

［34］ 寇颖.基于煤炭企业安全生产的内部审计制度设计［J］.现代工业经济和信息化,2017,7(24)：76-77.

［35］ 张晓瑜.加快内部审计转型管理 促进企业经济本质安全：访神华准能集团董事长张维世［J］.中国内部审计,2013(12)：4-7.

［36］ 钱思思.交通企业内部审计在安全管理中的实践探索［J］.财会学习,2021(8)：127-128.

［37］ 吴进华,肖兴祥.开展安全生产内部审计相关问题思考［J］.财会月刊,2011(14)：66-67.

［38］ 刘云金.矿产资源企业安全生产内部审计初探［J］.现代经济信息,2012(22)：120-121.

［39］ 侯建华.矿山安全审计评价指标体系构建研究［J］.经济研究导刊,2014(27)：144-147.

［40］ 汤全荣,任敏,林盛,等.发挥第三道防线作用 为安全生产保驾护航［J］.中国内部审计,2020(5)：66-68.

［41］ 杨博峰.企业安全视阈下内部审计的创新定位与实践［J］.现代审计与会计,2023(1)：25-27.

［42］ 刘民河.企业开展安全生产管理审计的探讨［J］.江汉石油职工大学学报,2023,36(4)：105-108.

［43］ 刘畅.浅议内控对企业管理的重要性［J］.商讯,2019(6)：66-67.

［44］ 陆家华.全面风险管理框架下风险管理审计不可忽视的基本工作［J］.中外企业家,2012(11)：91-92.

［45］ 逯田力.探讨安全生产领域的审计问题［J］.黑龙江科技信息,2016(28)：297.

［46］ 张涛,李雪霏,张懿颖.新形势下企业集团基于风险防范视角的供应链管理审计研究［J］.中国内部审计,2023(12)：31-36.

［47］ 胡建强,李仁昊.以人为本的安全生产管理审计［J］.中国内部审计,2017(9)：65-67.

［48］ 王青云.在神宁煤业集团经济安全要求下的内部审计创新选择［J］.神华科技,2011,9(5)：14-16.

［49］ 成小楠.企业高层管理者安全责任审计评价指标体系构建［D］.西安:西安科技大学,2020.

［50］ 杨阳.煤炭企业安全审计评价指标体系研究［D］.西安:西安科技大学,2020.

［51］ 虎琳宇.煤炭企业风险管理审计研究［D］.西安:西安科技大学,2018.

［52］ 李逸欣.LH 公司风险管理审计指标体系研究［D］.兰州:兰州财经大学,2018.

［53］ 张守俊.C 企业网络安全分析与改进研究［D］.南京:南京邮电大学,2018.

［54］ 何珊.企业高管安全责任内部审计风险管理研究［D］.西安:西安科技大学,2020.

［55］ 朱白尘.A 供电公司安全审计项目风险管控研究［D］.扬州:扬州大学,2018.

［56］ 王珊.煤矿管理层行为安全审计研究［D］.西安:西安科技大学,2020.

［57］ 雷怡瑾.煤炭企业一线矿工行为安全审计研究［D］.西安:西安科技大学,2018.

［58］ 曹荣平,徐张保,宫为敏,等.关于开展煤矿安全生产责任审计的探讨［C］//中国煤炭经济研究文选编委会.煤炭经济研究文选 2007.北京:煤炭工业出版社,2007.

［59］ 安徽淮南矿业集团.浅探煤炭企业的安全审计［C］//中国煤炭经济研究文选编委会.煤炭经济研究文选 2007.北京:煤炭工业出版社,2007.

［60］ 中国煤炭工业协会.煤矿安全审计研究［C］//中国煤炭工业协会.中国煤炭工研究(2005—2008)(上册).北京:煤炭工业出版社,2009.

［61］ 徐涵.风险管理在核电企业专项领域的有效实践［C］//中国核科学技术进展报告:第三卷.北京:原子能出版社,2014.

［62］ 孙威.如何通过安全审计提升工厂的安全管理水平［C］//2017 年第四届国内外水泥行业安全生产技术交流会论文集.北京:《中国建材科技》杂志社有限公司,2017.

［63］ 龙训利,唐勇.安全审计在水泥企业的实际运用［C］//2023 年第八届国内外水泥行业安全生产技术交流会论文集.北京:《中国建材科技》杂志社有限公司,2023.